PROCURATORIAL STUDY

2022年·第4辑

检察研究

江苏省人民检察院◎组织编写

编委会主任◎刘华

法律出版社
LAW PRESS·CHINA

北京

图书在版编目(CIP)数据

检察研究. 2022 年. 第 4 辑 / 江苏省人民检察院组织编写. -- 北京 : 法律出版社, 2022
ISBN 978 - 7 - 5197 - 7353 - 3

Ⅰ. ①检… Ⅱ. ①江… Ⅲ. ①检察机关-工作-中国-文集 Ⅳ. ①D926.3 - 53

中国版本图书馆 CIP 数据核字(2022)第 224003 号

《检察研究》2022 年第 4 辑
《JIANCHA YANJIU》2022 NIAN DI 4 JI

江苏省人民检察院 组织编写

责任编辑 许 睿
装帧设计 李 瞻

出版发行 法律出版社
编辑统筹 司法实务出版分社
责任校对 朱轶佳
责任印制 胡晓雅
经　　销 新华书店

开本 787 毫米×1092 毫米 1/16
印张 8.25 **字数** 166 千
版本 2022 年 12 月第 1 版
印次 2022 年 12 月第 1 次印刷
印刷 永清县金鑫印刷有限公司

地址:北京市丰台区莲花池西里 7 号(100073)
网址:www.lawpress.com.cn
投稿邮箱:info@lawpress.com.cn
举报盗版邮箱:jbwq@lawpress.com.cn

销售电话:010 - 83938349
客服电话:010 - 83938350
咨询电话:010 - 63939796

书号:ISBN 978 - 7 - 5197 - 7353 - 3　　**定价**:35.00 元

凡购买本社图书,如有印装错误,我社负责退换。电话:010 - 83938349

目录 Contents

专题研究

主题研讨

检察实务

学术综述

以新时代新要求为引领
加强检察机关法律监督工作

陈兴生*

摘要:党的二十大明确提出,新时代新征程中国共产党的中心任务是以中国式现代化全面推进中华民族伟大复兴。检察机关作为全面依法治国、在法治轨道上全面建设社会主义现代化国家的重要力量,责任重大,使命光荣。检察机关要坚持学思践悟党的二十大精神,以自我革命、自我革新的勇气和行动,加强法律监督工作,争取最优监督质效,不断彰显法治之力、检察之力,全力服务保障中国式现代化。

关键词:新时代　法律监督　能动检察　大数据

党的十八大以来,以习近平同志为核心的党中央高度重视检察机关法律监督工作,提出一系列新部署新要求。2021年6月,党中央印发《中共中央关于加强新时代检察机关法律监督工作的意见》(以下简称中央《意见》),为检察机关各项法律监督职能全面协调充分发展指明了方向,提供了遵循,党的二十大报告又专门强调"加强检察机关法律监督工作",表明了党的信任与期待。为更好贯彻党的二十大精神,落实习近平法治思想,检察机关要深刻领悟、深入践行党中央赋予检察机关的政治责任、法治责任、检察责任,牢记"国之大者",开创新局面,奋进新征程。

* 陈兴生,江苏省常州市人民检察院党组书记、检察长。

一、新时代检察机关法律监督的使命要求

(一)坚决扛起责任,强化检察担当

检察机关法律监督是中国特色社会主义政治制度和法律制度的重要特征,是党和国家监督体系的重要组成部分。从政治上看,检察机关必须深刻理解党中央所提新要求背后的政治考量、战略把握,不断提高政治判断力、政治领悟力、政治执行力,着眼大局、着眼长远,以高度的政治自觉依法履职尽责。从法治上看,党的二十大报告强调,“全面依法治国是国家治理的一场深刻革命”,加强执法司法制约的检察监督,解决法治领域突出问题,是全面依法治国的重要一环。从检察职责上看,检察机关的法律监督既不同于党委、纪委、政法委自上而下的监督,也不同于人大监督、民主监督、行政监督、群众监督、舆论监督等“由外向内”的监督,而是在办案中监督、在监督中办案,具有参与、跟进、融入的独特优势,发现问题更及时、监督纠错更直接。①

(二)紧紧围绕中心,站稳人民立场

党的二十大报告鲜明提出了新时代新征程党的中心任务就是“以中国式现代化全面推进中华民族伟大复兴”,并系统阐释了中国式现代化的科学内涵、本质要求、战略安排和重大原则。检察机关要履行好法律监督职责,就要把法律监督工作融入全面建设社会主义现代化国家战略部署,为全面推进中国式现代化贡献更优检察力量。一方面,要敏于感知社会冷暖,及时回应群众关切,我们坚持什么、保护什么、打击什么、倡导什么,要旗帜鲜明体现价值导向,顺应人民对美好生活的向往追求。另一方面,既要维护法律意义上的公平正义,也要追求个案公正、实质公正,求极致办好每一起案件,特别是事关群众切身利益的“小案”,积极推动矛盾纠纷和争议实质性化解,真正让人民群众在检察机关的每一个司法办案活动中感受到公平正义。

(三)提升监督质效,服务高质量发展

检察机关必须领会把握新征程上党和国家事业发展的更高法治要求,走出你对我错的零和博弈误区,以高质效的法律监督服务保障经济社会高质量发展。坚持和完善党对检察机关法律监督工作的领导,严格执行向同级党委及政法委请示报告工作的制度,紧紧依靠党委政法委领导开展监督,自觉接受人大、政协、纪检监察机关等各方面监督,自觉接受侦查、审判机关的履职制约,形成社会治理合力。② 强化政治素养和专业能力,提高运用大数据意识,加强对监督事项的调查核实,进一步落实行政执法与刑事司法的“双向衔接”机制,切实履行好“公共利益”代表的神圣职责,积极稳妥开拓中国特色公益诉讼检察之路,把法律监督做足、做精、做到“刚性”。

---

① 参见《坚决扛起法律监督政治责任法治责任检察责任—— 一论深入学习贯彻〈中共中央关于加强新时代检察机关法律监督工作的意见〉》,载《检察日报》2021 年 8 月 4 日,第 1 版。

② 参见《全面提升法律监督质效 更好服务高质量发展——三论深入学习贯彻〈中共中央关于加强新时代检察机关法律监督工作的意见〉》,载《检察日报》2021 年 8 月 6 日,第 1 版。

（四）明责担责追责，落实司法责任制

党中央对司法体制改革一直非常重视。党的二十大报告专门提出了“深化司法体制综合配套改革，全面准确落实司法责任制，加快建设公正高效权威的社会主义司法制度”的新要求。习近平总书记强调，推进司法体制改革，要紧紧牵住司法责任制这个牛鼻子。① 必须遵循检察权运行规律，按照职权法定、权责一致的原则，加快构建覆盖“四大检察”“十大业务”的执法司法责任链，完善检察官员额制，健全领导干部办案制度，严格落实“谁办案谁负责、谁决定谁负责”，确保检察人员司法办案有度可查、有章可循。需坚守为民初心，秉持检察情怀，着力解决群众急难愁盼问题，厚植党的执政根基，把法律监督责任履行到位，做到敢监督、能监督、善监督。要以对党、对人民、对法律负责的态度，深化司法责任认定与惩戒机制，细化防止干预司法“三个规定”实施办法，创新人民监督员制度，科学合理设置考核指标，与时俱进完善案件质量评价指标体系，将案件序号终身制与流程监控、案后评查等监管手段相结合，防止追责泛化、虚化和简单化，提升司法质效和公信力。

二、现阶段法律监督工作存在的问题

（一）存在思想“舒适区”，不愿监督

思想是行动的先导。实践中的一些思想误区成为禁锢检察能动监督的瓶颈。一是监督意识不强。有的检察人员对宪法和法律赋予检察机关的法律监督职责缺乏全面正确的认识，只满足于办好批捕、起诉等案件，没有把法律监督摆到应有的位置。有的仍然存在重打击犯罪轻保障人权，重实体轻程序，重协调配合轻监督制约的思想，怕麻烦，怕得罪人，消极被动、畏难避责。二是“躺平”心理滋生。新时代改革让检察事业蓬勃发展，检察人员职业保障力度有所增强。但是，与此同时，检察人员不仅要面对司法责任制下的能力考验，还要应对包括案—件比、抗诉采纳率等指标的压力。因此，有些检察人员在连轴转中疲于应付，激情逐渐消退，责任感淡化，积极性、创造性滑坡，成为工作中的“差不多”先生，就案办案、就案论案、机械司法，不求在法律监督领域有所作为。三是部分人员心态失衡。有的地方容错免责机制不健全，存在“多做多错”现象，有的地方考核激励机制不健全，存在“能者多劳”问题。尤其是对于检察系统的青年干警“80后及90后”而言，由于大多数院已将员额职数用满，一定时期内员额职数难有空缺，即使有空缺，遴选竞争也异常激烈，作为检察官助理的职业发展前景很不明朗，但是仍要直接办案并担责，难免产生“同样的工作，同样的责任，不同的薪资”的思想，因此怠于开展监督工作。

（二）存在本领“恐慌感”，不敢监督

短绠不可汲深井。迈进新发展阶段，党和人民对检察机关法律监督工作提出了新的

① 参见《牵住司法责任制这个“牛鼻子”》，载中国共产党新闻网，http://theory.people.com.cn/gb/n1/c40531-28193482.html，最后访问日期：2022年7月23日。

更高要求，这就需要检察人员具有高度的政治自觉、过硬的业务素能、守正创新的信念，才能发现真问题，依法予以监督，赢得被监督者的信服和支持。但是，有的检察人员不能准确把握人民群众在民主、法治、公平、正义、安全、环境等方面的需求，对新的犯罪形态、犯罪结构等变化应对不足，缺乏发现问题的敏锐性。有的法学理论较为薄弱，法律知识不够全面，对侦查机关、审判机关、行政机关的相关规定不了解，不能及时发现监督线索。有的即便发现了监督线索，却怠于开展自行调查核实，因此没有监督的自信和底气，怕监督不被认可，反而影响采纳率。有的故步自封，满足于过去的成绩，对新的监督范围、监督方式不去主动尝试、探索。比如，现在全国检察机关轰轰烈烈推进的大数据赋能法律监督，有的地方还存在主动应用意识"中梗阻"、软硬件建设跟不上、素质能力不匹配等问题，没有真正实现向科技要生产力的初衷。还有的检察人员自身的执法司法不规范，办案质量不高，工作方式简单粗暴，甚至违法违规办案，高质效的法律监督就更是无从谈起。

（三）存在"自说自话"，不善监督

中央《意见》全方位、系统性规定了检察机关监督办案的职责与手段，但用准、用活、用精法律监督不仅需要严格依法，更需要善用政治智慧、法治智慧、检察智慧。现阶段不善法律监督主要表现为两个方面：一是监督刚性不足。从外部来看，监督之于监督者，是一种权利和职责；监督之于被监督者，是一种约束和义务。监督工作是否有力有效，不能靠检察机关自己评判，而要看被监督者认可不认可、看人民群众满意不满意、看是否实现了政治效果、法律效果和社会效果的有机统一。实践中，有的检察人员不能深刻领悟"双赢多赢共赢"理念的精髓，不能与相关部门主动沟通、加强协调，仅靠自身一厢情愿、单打独斗。从内部来看，有的检察机关内设部门各自为战、自行其是，有的上级检察机关对下指导不及时，跟进监督、接续监督不到位，影响了检察监督权的正确统一行使。二是监督泛化。近年来，检察机关积极作为，拓展业务，符合经济社会发展需求，也符合检察机关积极维护法律秩序和公共利益的职责定位。然而，在此过程中，有的地方单纯为了创新而创新，搞形式主义，做表面文章，玩数字游戏。有的地方还出现了拓展边界不清，甚至超越职责范围的问题。① 如某地检察机关自行联合教育、新闻出版等行政部门对小学教材、少儿读本进行专项检查，存在履职不当，引发舆论关注。

三、加强和改进检察机关法律监督的路径

（一）争取支持增强监督刚性

中央《意见》出台后，各级党委也相继出台配套的实施意见，表明了对新时代检察机

---

① 参见龙宗智：《第一单元　刑事司法理念政策的创新发展与展望　我国刑事司法理念政策不断丰富和完善》，载《人民检察》2022 年第 18 期。

关法律监督工作的高度重视,也为各方支持配合法律监督提供了具体指引。检察机关应当深入学习领会、全面贯彻落实党的二十大"加强法律监督工作"的新要求,把握新时代新发展的"时与势""变与需",乘势而上、借势发力,凝聚法治"最大公约数"。一是主动向党委、党委政法委作专题报告,促进将法律监督工作全面落实纳入党委工作大局。如江苏省常州市人民检察院推动市委出台《关于加强新时代检察机关法律监督工作的实施意见》,将各地各有关部门接受法律监督整改落实情况纳入年度平安综治考核和政治督察范围。二是及时将法律监督情况向人大、政协机关报告,向纪检监察机关通报,争取监督与支持,推动解决新问题、新情况。如江苏省常州市人民检察院与市政协建立政协提案与公益诉讼检察建议双向衔接转化工作机制,市委办、市政府办全文转发实施意见,全市贯彻执行。三是加强与审判机关、公安机关、监察机关的衔接配合,强化与行政执法机关的沟通协调和信息共享,疏通监督堵点。如江苏省常州市检察机关在全省率先实现侦查监督与协作配合办公室全覆盖,同时规范协作配合、监督制约、繁简分流、信息共享、同研同训等制度机制,促使执法司法理念和标准进一步统一、效率进一步提高。四是通过多种形式抓好宣传,凝聚全社会了解、支持、参与监督的广泛合力,优化监督履职环境。

(二)能动检察提升监督效果

最高人民检察院提出能动检察,既基于习近平法治思想的指引和检察机关的权能特点,又基于新形势需要和现实考量,回答了检察机关在依法的前提下,以怎样的姿态和方式履职的问题。检察机关贯彻落实能动检察,能够把业务与政治、微观个案与宏观大局、国家法律与党的政策、维护法律性能与实现法律功能等诸多方面联结起来,最大限度地发挥好法律监督职能作用。[①] 具体来说,需要特别注意以下三个方面:一是狠抓短板弱项。把补短板强弱项与发挥优势争创亮点结合起来,使各项监督工作全面协调充分发展,从而实现"1 +1 >2"的效果,推动法律监督整体效能上一个新台阶。二是增强监督的主动性、精准性、有效性。做到勇于进取,敢于动真碰硬,一旦发现线索就紧盯不放,认真调查核实,还原事实真相,查究到底。如江苏省常州市检察机关在办理一起假冒注册商标案件中,发现涉案矿用产品存在安全隐患,第一时间向9省21市应急管理、市场监管等部门及煤矿企业发出47份《线索移送函》和《风险提示函》,相关部门根据检察机关的提示及时查封扣押假冒矿用设备2000台,更换原厂正品730台,推动从流通环节至使用终端全面消除安全生产隐患。三是把刚性规定与灵活方式结合起来。把握监督的时机和方式方法,坚持法理情相融,展现最大诚意,穷尽有效手段,与各部门形成良性、互动、积极的工作关系,共同推进严格执法,公正司法。[②]

---

① 参见朱孝清:《论能动检察》,载《人民检察》2022年第13期。

② 参见童建明:《深入学习贯彻〈中共中央关于加强新时代检察机关法律监督工作的意见〉乘势而上推动检察工作高质量发展》,载《人民检察》2021年第21、22合期。

(三)自身建设注入监督底气

"打铁必须自身硬",要胜任新时期法律监督的职责,就必须"重自强"。一是通过政治理论学习、红色教育、英模教育,引领检察人员做到在思想上对党、国家、人民和法律绝对忠诚,对检察事业无比热爱,树立不监督就是失职、渎职的观念,不断提高履行法律监督职责的责任感和自觉性,以奋发昂扬的斗志、与时俱进的朝气迎接挑战。二是坚持以人为本,通过培训、练兵、传帮带、互派挂职等方式,使检察人员弄通法律与政治、经济、文化、社会等范畴的关系,真正把法律精神融会贯通,并做到"知行合一",成为法律监督方面的专家型人才。在开展法律监督过程中既坚持司法的亲历性,深入地钻进去,厘清事实和证据,又能跳出案件看案件,避免对法律的生搬硬套和不顾精神实质死抠法条的机械司法。三是设置科学完备的考核评价体系,让检察人员清楚法律监督要干什么、怎么干、干出什么效果,明确干与不干、干多与干少、干好与干坏的责任区分。通过考核激励,让愿监督、敢监督、善监督的多劳多得,在评先评优、干部选人、职务职级晋升、检察官入额等方面实现能者上、平着让、庸者下的局面。[①] 同时,建立健全追责问责机制,按照主客观一致原则,对监督中出现的过错进行甄别,对办关系案、人情案、金钱案的绝不姑息,对因办案能力、专业知识素养不够造成的过错区别情况适度容错,塑造正向激励、良性循环的监督履职环境。如江苏省常州市检察机关健全完善与派驻纪检监察组会商配合机制,探索开展错案责任追究,提请省检察院开展追责惩戒。

(四)检察一体化形成监督合力

系统推动检察一体化履职,构建"上下统一、横向协作、内部整合、总体统筹"的检察权运行机制,有助于开创法律监督工作新局面。一是健全纵向监督指导机制。加强上级检察机关对监督工作的统一管理、检查督导和组织协调,强化案件备案实质化审查,及时发现解决下级检察机关监督中存在的问题,实现决疑、纠偏的设置初衷,同时对下级检察机关未尽监督事项接续接力监督。[②] 二是健全横向沟通协作机制。完善院内案件线索移送、案件研判会商、案件信息共享等制度,打破部门壁垒、职能界限,集中优势资源做强法律监督主责主业。如江苏省常州市检察机关树立"监督共同体"理念,建立重大疑难案件一体攻坚、专项监督联动推进等机制,针对长江大保护、优化营商环境、落实"七号检察建议""八号检察建议"等重点工作,坚持部门深度融合,激发内生动力最大值。三是推进跨区域检察协作。中央《意见》要求"加强区域执法司法协作,服务保障国家重大战略",检察机关有必要针对网络犯罪、环境污染犯罪等跨区域犯罪案件的办理和诉源治理做好跨省市的司法协作,使检察机关法律监督的触角在总体上更灵敏,监督力度更大。如最高人民检察院在办理南四湖专案时,就组成了"一高三省"专案组,打响了自检察公益诉讼

① 参见张家贞:《提升检察生产力 持续增强法律监督效能》,载《人民检察》2022 年第 18 期。

② 参见杜学毅:《法律监督视域下检察一体化履职的实现进路》,载《人民检察》2022 年第 17 期。

制度建立以来规模最大、难度最高、社情最为复杂的公益诉讼治污攻坚战。

（五）大数据赋能拓展监督维度

习近平总书记强调："谁掌握了数据，谁就掌握了主动权。"[①]掌握并充分运用数据对提高检察监督产出率具有战略性、革命性意义。一是树立大数据思维。以大数据运用为重点，推进监督模式迭代升级，监督机制转变、制度重塑、流程再造，从整体上推动检察工作全方位变革。[②] 二是打通数据壁垒。按照中央《意见》部署，健全检察机关与公安机关、审判机关、司法行政机关等部门的信息查询、共享机制，加强数据归集管理，使掌握的一手数据资源在检察机关监督履职中有效配置与应用。如江苏省常州市人民检察院在市委市政府大力支持下，主动融入"一网统管"，借力市政务办大数据平台，最大程度激发"数据"对法律监督工作的放大、叠加、倍增作用。三是探索大数据法律监督模式。在个案办理中，解析案件的关键要素、特点并进行提炼，在此基础上，使用数据碰撞、挖掘、画像等方式，研发异常类案的算法模型。如浙江省打造的非标油偷逃税监督模型、江苏省打造的破产领域虚假劳资债权监督模型、湖北省打造的政务数据云监督模型等都是很好的示范引领。通过"个案办理—类案监督—系统治理"，着力解决人民群众反映强烈的痛点难点堵点。

---

① 童建明：《以大数据赋能新时代法律监督》，载《检察日报》2022年7月18日，第3版。

② 参见贾宇：《"数字检察"助力治理现代化》，载《人民日报》2021年9月10日，第7版。

以检察工作现代化助力中国之治现代化

鲍书华*

摘要:党的二十大指出,在法治轨道上全面建设社会主义现代化国家,并赋予检察机关"更重责任"。全力推进检察工作现代化,助力中国之治现代化,需坚定不移以习近平法治思想为指引。从"根本保证""根本立场""正确道路"三个方面把握好检察工作现代化的根与魂;努力服务构建安全稳定新格局、高质量发展新格局、民生福祉新格局,推动构建检察监督新格局。同时,从外部协作贯通、内部一体化、检察大数据赋能、锻造堪当时代重任的检察队伍等方面夯实检察工作现代化的基石。

关键词:习近平法治思想　检察工作　现代化　二十大

习近平法治思想是马克思主义法治理论中国化时代化的最新成果,是新时代全面依法治国的根本遵循和行动指南。当前,在全国上下深入学习贯彻党的二十大精神的背景下,检察机关应自觉将学习贯彻习近平法治思想与学习贯彻习近平新时代中国特色社会主义思想相结合、与深刻领悟二十大精神相结合、与全面把握十八大以来检察工作发生的新实践新成效相结合,立足新时代新征程,传承发展、守正创新,不断推进检察履职现代化,助力中国之治现代化的扬州新实践。

一、强化"从政治上看"的法治自觉,筑牢检察工作现代化之魂

习近平法治思想的"十一个坚持"深刻阐明了全面依法治国的政治方向和根本立场,检察机关作为党领导下的国家法律监督机关,必须旗帜鲜明讲政治、顾大局,做到谋划工作必站在政治高度、检验工作必依据政治标准、执法办案必追求政治效果,从"根本保证""根本立场""正确道路"三个方面把握好检察工作现代化的根与魂。

---

* 鲍书华,江苏省扬州市人民检察院党组书记、检察长。

(一)自觉将检察工作置于党的绝对领导之下

党的领导是全面依法治国的根本特征。习近平总书记指出:“党的领导是中国特色社会主义法治之魂,是我们的法治同西方资本主义国家的法治最大的区别。”[①]历史和实践已充分证明,只有在党的坚强领导下,才能实现国家兴、法治兴。新时代中国特色社会主义法治建设之所以能发生历史性变革、取得历史性成就,根本在于有以习近平同志为核心的党中央的坚强领导,有习近平新时代中国特色社会主义思想的领航定向。人民检察事业由党一手缔造,91 年的检察发展史始终都与党领导下的革命、建设事业紧密关联。因此,检察机关必须深刻领会“两个确立”的决定性意义,坚定捍卫“两个确立”,切实做到“两个维护”。

在检察工作中,要自觉依靠党的领导和政治保障,认真落实重大事项请示报告制度、《中共中央关于加强新时代检察机关法律监督工作的意见》,找准检察履职和国家工作大局的结合点、着力点,不折不扣贯彻执行中央各项决策部署;在党的绝对领导下,依法独立规范行使检察权,以检察之力夯实党的执政根基,保障党的事业健康发展。

(二)坚守检察为民根本立场

民心是最大的政治。习近平总书记指出,“法治的根基在人民、全面依法治国最广泛最深厚的基础是人民”。[②] 历史唯物主义认为,人民是历史的创造者,是决定党和国家前途命运的根本力量。我国是人民民主专政的社会主义国家,人民当家作主是我国政治制度的根本要求。全面依法治国的根本目的是满足人民对美好生活的向往,法治工作、检察工作的一切出发点和落脚点都是人民,法治建设的成果也由人民评判。

检察机关要做好“民生工程”。目前,我们监督的力度和效果与人民群众的法治需求还有不少差距,检察机关要始终牢记以人民为中心的执法观,聚焦群众急难愁盼反映强烈的突出司法问题,切实维护群众安全和利益,切实尊重保障人权,切实回应人民群众对民主、法治、公平、正义、安全的新需求新期盼。

检察机关要做好“民心工程”。实践中,我们一些看似符合法律规定的执法司法决定,与人民群众朴素的正义观产生了偏差,说明执法办案“从政治上看”、在检察为民上还做得不够。检察机关应当自觉践行司法为民宗旨,想群众所想、急群众所急,既要依法妥善办理大案,又要用心用情办好民生“小”案;既要把握法律精神,又要贯彻落实司法政策,努力让人民群众在每一项法律制度、每一个执法决定、每一宗司法案件中感受到公平正义。

---

① 参见《习近平法治思想深刻回答了系列重大问题》,载求是网,http://www.qstheory.cn/laigao/ycjx/c_1127180948.htm,最后访问日期:2022 年 3 月 7 日。

② 参见《人民性是习近平法治思想最鲜明的品格》,载求是网,http://www.qstheory.cn/c_1129250152.htm,最后访问日期:2022 年 12 月 20 日。

(三)坚定中国特色社会主义检察道路

根据我国《宪法》的规定,检察机关是具有独立宪法地位的国家法律监督机关,是国家监督体系的重要组成部分,这是我国检察机关特有的制度优势。我国的检察制度是深深扎根于中国大地的独特制度,是中国特色社会主义制度的组成部分,必须坚定贯彻中国特色法治理论,坚定中国特色检察道路自信、制度自信、理论自信,坚决反对西方"宪政""三权鼎立""司法独立"等错误思潮,防止走错路、走邪路,要在中国特色唯一正确的检察道路上,积极实践、开拓进取。

要牢牢把准法律监督的宪法定位。党的二十大指出,"加强检察机关法律监督工作"。检察机关的法律监督属性、公益属性决定了检察机关必须强化监督、强化依法能动履职。应深刻理解检察机关的宪法定位,正确把握在全面依法治国中的重要使命,自觉做到"在办案中监督、在监督中办案",不断健全执法司法监督制约机制;要敢闯空白区、无人区,当法律法规或部门职责不明晰时,检察机关应主动跟上,以"我管"促"多管",实现多赢共赢。习近平总书记强调,"要加快形成严密的法治监督体系"①,检察监督应主动与人大、政协、纪委监委监督相互衔接、一体发力,共同维护法制权威和法律统一正确实施。

要牢牢把握"中国特色"。坚持守正创新,择善传承"明德慎罚""民本"理念、"和合"思想等中华优秀传统法律文化精髓,学习借鉴恢复性司法、协商式司法等域外先进法治成果。更为重要的是,检察机关要坚持"法与时移",把握新时代中国特色社会主义思想的世界观和方法论,纵深推进司法改革,强化、拓展公益诉讼检察、行政争议实质性化解、行政违法行为监督等新职能新领域;深入落实企业合规、少捕慎诉慎押、认罪认罚从宽制度、巡回检察等重大改革举措;结合执法办案,立足国情省情市情,强化诉源治理,着力解决深层次的问题,使检察发展与中国特色的国家治理体系深度融合、相互促进,不断推进中国特色检察制度完善。

二、始终聚焦服务大局,担当检察工作现代化之责

习近平总书记强调"中国特色社会主义实践向前推进一步,法治建设就要跟进一步"。② 以检察工作现代化服务保障推进中国式现代化,突出体现了检察工作的核心任务和使命担当,就必须更好发挥法治固根本、稳预期、利长远的保障作用。

(一)服务构建安全稳定新格局

当前我国发展进入了战略机遇和风险挑战并存、不确定难预料因素增多的时期,各

---

① 毛有丰:《深入学习贯彻习近平法治思想　为推进统计现代化改革提供坚强法治保障》,载《经济日报》2022 年 4 月 20 日,第 3 版。

② 《在习近平法治思想指引下阔步向前》,载《人民日报》2022 年 7 月 6 日,第 9 版。

种“黑天鹅”“灰犀牛”事件随时可能发生。二十大报告提出,“推进国家安全体系和能力现代化”,检察机关作为维护和谐稳定的一支重要法治力量,应树立总体国家安全观,防范重大风险,服务统筹发展和安全。

一是突出维护安全稳定。加强四大检察全面防护。充分发挥刑事检察作用,守好安全稳定底线,对危害国家安全、公共安全、黑恶势力、严重暴力等犯罪从严从快惩治;对轻微刑事犯罪,落实少捕慎诉慎押、认罪认罚从宽等政策和制度,推动中国特色的刑事治理,促进内生稳定。二是健全风险防控机制。突出化解金融、能源、粮食三大经济领域的安全风险。充分履行民事检察、行政检察、公益诉讼检察职能,强化民生权利保障,推进风险防范化解向前端转移,发挥民事、行政法律法规在调节社会利益、调整社会关系、规范社会行为中的作用。继续落实安全稳定形势分析报告制度、法律监督年度分析报告制度,知大事、谋全局,做省情市情的观察者、做党委政府的智库。同时,要健全执法办案风险防控机制,依法妥善办理重大敏感案件,做好矛盾纠纷化解、释法说理等工作,防范因执法办案不当引发矛盾风险。三是深化社会治理。深入落实最高人民检察院1—8号检察建议,坚持办案质效向上跨一步、协商共治向前走一步、整改落实向深进一步,以“钉钉子”精神“没完没了”抓落实。结合办案制发社会治理检察建议,推进检察建议的精准性、专业性。针对耕地“非农化”问题,建议乡镇政府完善土地发包、耕地监管等系列措施,坚决守护18亿亩耕地红线。

(二)服务构建高质量发展新格局

必须完整、准确、全面贯彻新发展理念,坚持创新是引领发展的第一动力,协调是全面充分发展的需要,绿色是人与自然和谐共生的要求,开放是顺应时代潮流的选择,共享是以人民为中心的体现。检察机关应深刻理解、主动对接新发展理念的要求,贯彻落实到工作的每一个环节。

一是优化法治化营商环境。落实平等保护要求,“毫不动摇鼓励、支持、引导非公有制经济发展”。深化企业合规改革试点,能监管尽监管、能适用尽适用,做到真合规真监督。当前企业合规已经进入法律、适用层面问题叠加的阶段,要重点解决、打好基础,为推动立法奠定良好的基础。加强对反垄断、反不正当竞争的监督,加强对网络平台、网络黑灰产监督治理,维护网络空间秩序和公平竞争的经济秩序。二是助力扬州“产业科创名城”建设。深化知识产权一体保护,健全涉企涉科研案件特殊办理机制,保护企业核心竞争力。营造鼓励创新的氛围,对出现的经济新模式、新业态保持法律规制的审慎、谦抑态度。三是做足“水、文、旅”检察保护大文章。基于扬州“江河湖一水贯通”的自然生态优势,检察机关充分关注扬州水域、土壤、生物多样性和文物文化遗产等公益诉讼保护问题;积极融入长江经济带、大运河文化带、长三角一体化等国家重大战略,严格落实长江十年禁捕;开展乡村污染、退地还耕等涉农专项治理,服务保障乡村振兴和城市更新,推进扬州文化旅游名城、生态宜居名城建设。

（三）服务构建民生福祉新格局

中国式现代化是全体人民共同富裕的现代化。要进一步强化民生检察工作，推进人民共享发展成果。

一是保障人民当家作主。坚持和完善人民代表大会制度，主动向人大报告检察工作，接受人大监督。深化人民监督员制度、公开听证、法律文书公开、检察开放日、办案程序权利保障，依法保证人民群众对检察办案的知情权、参与权和监督权。完善认罪认罚自愿性和合法性保障机制，体现司法公正。二是保障民生权益。积极回应群众诉求，改进代表委员联络工作，认真办理人大代表和政协委员建议提案，及时搜集、研判和回应人民群众反映强烈的权益保障问题。继续贯彻落实最高人民检察院部署的守护民生民利专项监督活动；继续关注市委市政府“一号文件”，聚焦劳动就业、社会保障、生态环境、食品药品安全、医疗卫生等民生重点领域，加大履职力度、优化惠民举措，增强人民群众的法治获得感。三是落实好各项民生检察制度。继续开展民事支持起诉、行政争议实质性化解，实质落实群众信访件件有回复等工作。关注特殊群体，继续开展侵犯妇女儿童权益、养老诈骗等专项打击治理活动。继续加大对残障、外来务工、高校学生等权益保护，推进司法救助与社会救助、基层调解等制度有效衔接。加强未成年人检察业务集中统一办理，落实最高人民法院、最高人民检察院、教育部联合发布的《关于落实从业禁止制度的意见》，完善未成年人司法特别程序和特殊保护制度立法，适当扩大附条件不起诉范围等，协同社会、家庭、学校共同把未成年人保护这项“朝阳事业”做得更好。

（四）推动构建检察监督新格局

结合扬州检察工作实际，还需要在“四大检察”全面充分协调发展上发力。

一是充分发挥刑事检察主导、监督责任。改变被动收案、等案上门、坐堂办案等陈旧办案模式，积极主动开展自查、补查、提前介入引导侦查的“三查”工作，实质审核把关、促进繁简分流，体现检察机关在诉前程序中的关键性、决定性作用。提高刑事审判监督质量，完善两级把关、监督调查、检察长列席审委会等制度，着力破解刑事审判监督量少、结构不平衡、质效待提升等难题。强化内部线索移送，健全办理司法工作人员相关职务犯罪案件诉、侦协作配合机制。二是补足民事检察、行政检察短板弱项。增强民事检察工作敏锐性，敢于、善于办理有影响力和引领性的案件，注重发现司法不公的类案问题予以监督纠正。加大执行监督力度，重点关注破产监督、超期审理、违法保全和先予执行等问题。开展走访律师事务所专项活动，挖掘监督线索。认真贯彻中央部署要求，积极承担对行政违法、行政不作为行政检察新职能，积极推进行政诉讼监督、行政非诉执行工作，聚焦社会保障、房屋征迁安置等重点领域，推动实现案结事了人和，促进法治政府建设。三是完善公益诉讼检察。借助数字检察，推动公益诉讼检察工作由数量驱动、个案为主、案卷审查的办案模式向质效导向、类案为主、数据赋能的新型监督模式转变。完善预防性公益诉讼制度，力争从前端消除侵害风险；积极探索大运河线性文化遗产保护，推动解决“上下游不同行、左右岸不同步”难题，促进文物和文化遗产保护纳入法定的公益检察领域；通过办理更多典型案例，为公益诉讼立法贡献扬州检察力量，提供实践样本。

三、对标自身“更重责任”，夯实检察工作现代化之基

最高人民检察院检察长张军指出，二十大报告中党和人民赋予检察机关“更重责任”，切实承担这个更重责任，需坚持问题导向、面向未来，夯实检察工作各项基础和保障。

（一）积极推进外部协作贯通

法律监督不是你对我错的“零和博弈”，而是双赢多赢共赢，做好检察监督必须依赖顺畅有效的外部衔接协作机制。当前，主要完善以下几项工作机制。

一是侦查监督与协作配合。这是新时期检察和侦查关系的良性互动升级，在办公室全面挂牌的基础上，积极推进实质化运作。坚持检察与侦查“分工负责、相互配合、相互监督”的原则，在发挥主导作用、形成打击犯罪强大合力的同时，加强监督制约，构建良性互动的新型检警关系。推进工作机制创新，探索与公安、市12345政务服务热线、民政、教育等部门数据共享，构建监督新模式。二是行政执法和刑事司法衔接。一方面，在制度化、规范化运行上下功夫，建立与行政机关畅通的信息联系，提高行政部门参与的主动性。另一方面，加强双向移送，对检察机关不起诉案件认为符合条件的，提出行政处罚意见。注重从刑事案件中发现行政违法、行政治理漏洞，移送行政检察线索。三是职务犯罪案件监检衔接机制。推进监察调查程序与检察刑事司法程序对接，在提前介入、证据转换、补充侦查、追赃挽损等方面加强衔接。对检察工作中发现的职务违法行为，及时向监察、纪委移送线索，形成监督合力。四是代表委员建议提案衔接转化机制。扬州约30%的公益诉讼立案线索来自代表委员的建议提案；扬州市检察机关反洗钱、企业合规的做法又被代表、委员作为建议提案向全国人大、政协提交。扬州市检察机关将在仪征市检察院全省首创的基础上，推动市级层面建立人大监督与检察专业监督的贯通融合机制，推动检察工作实践向立法、司法解释建议或者建议提案转化，放大司法治理成果。

（二）积极推进大数据赋能

习近平总书记强调，“大数据是信息化发展的新阶段”“谁掌握了数据，谁就掌握了主动权”。[①] 扬州市检察机关积极探索运用大数据破解监督困境，制定《大数据赋能法律监督建模实施方案》和《扬州市检察机关大数据赋能检察工作五年规划》，通过召开动员部署会、模型研讨会、加强考核等方式，强化全员数字思维和数据意识，立足势在必行、务实管用、统筹部署、积极稳妥的方针，实施大数据和法律监督深度融合。努力通过五年时间，构建形成“一中心、三平台、四保障”的扬州市检察机关大数据赋能检察工作体系。

---

① 童建明：《以大数据赋能新时代法律监督》，载《检察日报》2022年7月18日，第3版。

“一中心”即大数据研判中心；“三平台”即法律监督平台、办案管理平台、服务保障平台；“四保障”即组织、经费、人才和应用保障。扬州市检察机关将依据规划，有序推进研判、建模、数据获取等，以大数据催生监督模式现代化，实现个案监督—类案监督—社会治理的转变，走出一条“传统 + 大数据”的法律监督新路径。

（三）积极推进检察一体化

检察工作现代化是集约、系统和协调的现代化，突出体现在检察一体化。一是加强上下一体化，检察机关内部的领导体制为上下一体化提供了制度保障，市院在对下指导方式上应下沉一线，大力开展领办、参办，推进接续监督无缝衔接，实现各业务条线市院和基层院人员融合、业务融合，特别是在司法人员职务犯罪侦查、虚假诉讼查处、审判监督等工作中，强化上下一体、集团作战，提高突破攻坚能力。二是推进内部横向一体化。2022 年扬州市人民检察院制定《扬州市检察机关监督办案相互移送履职线索暂行规定》，按照“应移尽移、应办尽办、未办追责”的原则，明确 8 类 32 种应当移送的履职线索，并设计《内部线索排查表》《线索移送函》，做到逐案排查、逐案移送。推进四大检察融合、检察一体，不仅需要规范的制度设计，更需要理念转变、思维拓展、能力补足，强化检察干警刑民一起学，行刑一并查，破除条线知识壁垒。此外，完善考核、奖惩等配套机制，也是推进检察一体的重要保障。三是强化职能融合。通过未成年人检察业务集中办理、设立大运河办案团队、知识产权办案团队等，率先推动重点领域检察一体化机制，为大融合、整体融合提供实践样板和经验。

（四）积极锻造堪当时代重任的检察队伍

习近平总书记强调，“全面推进依法治国，建设一支德才兼备的高素质法治工作队伍至关重要”。[①] 扬州检察机关努力打造“信念过硬、政治过硬、责任过硬、能力过硬、作风过硬”的检察铁军。

一是一体推进政治建设、业务建设。常态化开展政治轮训，筑牢政治忠诚，持续落实“党旗红引领检察蓝”融党建工程，持续培育“专注热爱、争先领先”的检察专业精神，持续推进“专业人才提质、青年英才提优、业务专家提档、全员素能提升”“四提”工程，持续打造知识产权、涉税犯罪、大运河综合保护等专业化办案团队。二是切实履行全面从严治党的“双重责任”。依法履行职务犯罪检察、司法工作人员相关职务犯罪侦查职能，协同推进不敢腐、不能腐、不想腐“三不腐”建设。巩固深化党史学习教育、政法队伍教育整顿成果，完善检察权运行监督制约机制；健全检务督察工作机制，当好党组“哨兵”，用好督察“利器”，抓实政治督察、执法督察、作风督察，从严落实防止干预司法“三个规定”。以过硬的队伍，推动检察履职高质量、现代化，助力谱写中国式现代化扬州新篇章。

---

① 习近平：《加快建设社会主义法治国家》，载《求是》2015 年第 1 期。

主题研讨

刑事合规附条件不起诉的司法适用问题研究

朱文瑞　陈珊珊　万方鹏*

摘要：刑事合规附条件不起诉是一种在刑事合规框架下建立的适用于企业的附条件不起诉制度，是检察机关参与刑事合规的重要渠道，对检察机关在刑事合规过程中充分发挥职能具有积极作用。在这一附条件不起诉制度的建立过程中，必须要找到其在我国现有法律中的相关基础，为刑事合规附条件不起诉的适用对象、条件和程序制定相应标准，增强刑事合规的可行性和生命力。

关键词：刑事合规　附条件不起诉　企业犯罪

"刑事合规是企业为了预防、发现和制止违法行为而主动实施的内部管理机制，包括正式的行为规则、负责官员以及检举制度。"①在现有制度体制下，检察机关只能运用检察建议、座谈会等不具有强制性的手段参与企业犯罪的预防与治理，难以取得良好效果，也难以合理介入刑事合规的制定和实施程序当中。在将刑事合规引入我国刑事司法体制的过程中，检察机关若要介入刑事合规之中，必然需要通过制度建设扩展检察职能，给予检察机关在处理企业犯罪问题时的相应权力。若能在我国现有的附条件不起诉制度和认罪认罚从宽制度的基础上建立出一套适用于企业的附条件不起诉制度，必然会极大地增强检察机关参与刑事合规的广度与深度，为刑事合规的中国化更

---

* 朱文瑞，江苏省苏州高新区（虎丘区）人民检察院党组书记、检察长；陈珊珊，苏州大学王健法学院副教授；万方鹏，江苏省苏州高新区（虎丘区）人民检察院第一检察部副主任。本文系2022年度最高人民检察院检察应用理论研究课题"检察机关在市域社会治理中的履职问题研究"的阶段性研究成果。

① 周振杰：《企业适法计划与企业犯罪预防》，载《法治研究》2012年第4期。

好地保驾护航。

一、附条件不起诉制度适用于刑事合规的合理性

我国现有的附条件不起诉是指《刑事诉讼法》第 282 条规定的未成年人附条件不起诉:对于未成年人涉嫌刑法分则第四章、第五章、第六章规定的犯罪,可能判处 1 年有期徒刑以下刑罚,符合起诉条件,但有悔罪表现的,人民检察院可以作出附条件不起诉的决定。表面看来,附条件不起诉制度的意义主要在于节约司法资源和促进未成年犯罪嫌疑人尽早复归社会,①似乎并无适用于刑事合规的合理依据。但是,这一结论是以附条件不起诉制度与未成年人附条件不起诉的概念相等为前提而得出的,但事实并非如此。

实际上,附条件不起诉的理论基础是起诉便宜主义:"根据犯罪人的性格、年龄、境遇和犯罪的轻重、情节及犯罪后的情况,认为没有必要提起公诉时,可以不提起公诉。"②犯罪人的年龄只是其中需考虑的一个因素。在其他国家的司法实践中,也存在如美国的非暴力犯罪附条件不起诉和德国的轻罪附条件不起诉等结合方式。我国则是将其与宽严相济的刑事政策和对未成年人"教育、感化、挽救"的方针相结合,创造出了未成年人附条件不起诉这一刑事诉讼制度。可以说,未成年人附条件不起诉只是附条件不起诉制度在年龄上进行限制后的一个副产物。在此基础上看,刑事合规的主体是企业,与未成年人附条件不起诉的主体一样都是特殊主体。完全可以借鉴未成年人附条件不起诉制度建立的经验,将起诉便宜主义与我国优化司法资源配置的目标和保护企业经济价值的政策相结合,创造出刑事合规附条件不起诉制度。

此外,附条件不起诉制度存在与刑事合规结合的合理性。首先,刑事合规是指企业自发建立内控机制以预防犯罪行为的发生,这就与附条件不起诉特殊预防的内涵不谋而合。既然犯罪人可以通过考验期、修复损害后果等降低人身危险性的方式获得不起诉的优待,犯罪企业也同样可以通过刑事合规来降低犯罪风险而被免予起诉。其次,刑事合规强调犯罪预防,附条件不起诉强调起诉优待,二者结合所建立的刑事合规附条件不起诉可以实现两个制度的价值所在,使主动实施内部管理机制的企业获得政策激励,犯罪后的企业通过建立刑事合规而获得免于被起诉的机会,从而促进犯罪预防目标的实现。再次,附条件不起诉制度与刑事合规的结合可以为检察机关参与到刑事合规之中打开突破口。就我国现有的未成年人附条件不起诉制度来说,检察机关在这一制度中起着主导作用,承担着对未成年犯罪人进行考察和监管的职责。建立刑事合规附条件不起诉制度,也应当由检察机关作为主导机关,对刑事合规的建立与运行进行有效的监管。最后,

---

① 参见董林涛:《我国附条件不起诉制度若干问题的反思与完善》,载《暨南学报(哲学社会科学版)》2015 年第 1 期。

② 《日本刑事诉讼法》,宋英辉译,中国政法大学出版社 2000 年版,第 58 页。

附条件不起诉制度与刑事合规的结合符合“利益兼得原则”：从国家方面来看，避免刑法的水波效应，是其政治收益；从检察机关来看，可以提高办案的执法效率和执法力度；从企业来看，可以避免更大的损失。[①]

二、认罪认罚从宽制度适用于企业犯罪的合理性

认罪认罚从宽制度作为2018年我国《刑事诉讼法》修改时增加的一项制度，是指在犯罪嫌疑人、被告人自愿认罪认罚的情况下，给予从轻、减轻甚至免除处罚的优待，基本特征是“程序从简”和“实体从宽”。[②] 这一制度本质上是对辩诉交易制度的借鉴和本土化，是一种在检察机关主导下的量刑协商制度。在我国目前的司法实践中，认罪认罚从宽主要被检察机关用于解决自然人案件的分流问题，为节约司法资源做出了重要贡献，并没有直接被应用于企业犯罪之中。

但值得注意的是，认罪认罚从宽制度本身并未区分所适用的主体，仅规定对于自愿如实供述自己犯罪的犯罪嫌疑人、被告人可以依法从宽处理，并未强调犯罪嫌疑人和被告人必须是自然人，由此看来，认罪认罚从宽制度根据平等适用原则适用于自然人犯罪与单位犯罪并无不妥之处。2018年11月6日，最高人民检察院检察长张军在谈论保护民营企业产权时也指出：“对于涉企业犯罪，要落实好修改后刑事诉讼法有关认罪认罚从宽的规定，对符合改变羁押强制措施的及时改变，对符合从宽处理的案件依法坚决从宽。”[③]为认罪认罚从宽制度适用于企业犯罪提供了有力的依据。因此，将认罪认罚从宽制度适用于企业犯罪并不违反我国《刑事诉讼法》的规定，甚至可以说是我国合作性司法模式发展的必然选择。

另外，将认罪认罚从宽制度适用于企业犯罪具有必要性。在当前的经济发展形势下，企业的规模和影响力已经远远超过1997年《刑法》制定时的标准。受此影响，企业犯罪的侦查难度要高于一般犯罪，其侦查成本也远高于一般犯罪。在企业经济类犯罪中，案件的司法会计鉴定和审计费用会极其高昂，有时甚至会超出犯罪造成的经济损失。在部分环境污染案件中，司法鉴定费用远高于最后对企业判处的罚金，这造成了极大的司法资源浪费。在这种情形下，若同意对企业犯罪适用认罪认罚从宽制度，可以有效减少用于犯罪调查的成本和时间，既节约了社会和司法资源，也有利于减轻检察机关的工作负担。

认罪认罚从宽制度与刑事合规同样拥有合作性司法与认罪协商的内核，二者的结合没有较大的阻碍，而且具有刑事司法上的积极意义。首先，二者的结合为企业的认罪认

---

① 参见陈瑞华：《企业合规视野下的暂缓起诉协议制度》，载《比较法研究》2020年第1期。

② 参见李勇：《检察视角下中国刑事合规之构建》，载《国家检察官学院学报》2020年第4期。

③ 姜洪：《“三个没有变”关键在落实，着力为民营经济发展贡献检察力量》，载《检察日报》2018年11月7日，第1版。

罚从宽提供了不同于自然人的认定标准。自然人的认罪认罚从宽需要犯罪嫌疑人、被告人自愿如实供述自己的犯罪,对于指控犯罪事实没有异议,同意检察机关的量刑意见并签署具结书。在对企业进行认罪认罚从宽时,因为企业本身只能适用罚金刑,对其进行从宽必然需要比自然人更高的标准,应当要求企业做出进行刑事合规的承诺,达到认罪认罚从宽所强调的减少再犯危险的后果。其次,二者的结合有助于刑事合规激励目标的实现。刑事合规的建立需要企业付出高昂的成本和资源,这无疑增加了企业的经济负担,若要让逐利的企业自愿选择建立刑事合规,必然需要国家给予其刑事责任承担上的回报。对于建立刑事合规的企业给予认罪认罚时的从宽优待,让其得以保护企业声誉和经济价值,是实现刑事合规激励目标的有效方法,有利于实现对企业犯罪的积极一般预防目标。

三、刑事合规附条件不起诉的适用对象、条件和程序

既然可以为附条件不起诉和认罪认罚从宽与刑事合规结合找到合理依据,在刑事合规附条件不起诉的构建中,必然离不开这二者的影响。因此,可以参照我国现有的未成年人附条件不起诉制度和认罪认罚从宽制度为刑事合规附条件不起诉制定标准,增强这一制度的可行性与合理性。

(一)刑事合规附条件不起诉的适用对象

刑事合规附条件不起诉的适用对象,是指实施了犯罪行为的企业,根据犯罪行为性质的不同以及企业规模和形式等方面的不同,在下文中笔者做出了更详细的区分和定义。

首先,根据建立刑事合规时间上的差别,可以将企业分为事前合规企业与事后合规企业。事前合规企业是指在企业犯罪之前,企业内部就已经建立并实施了有效的刑事合规,因此,在企业犯罪后,可以视刑事合规在预防本企业犯罪中实际发挥的效果,来实现公司的刑事责任与员工个人刑事责任的有效分割,减轻甚至免除企业对犯罪所负的责任,从而对企业不予起诉。这与自然人附条件不起诉只针对犯罪后的自然人有巨大差别,盖因企业这一犯罪主体本身的特殊性所致。企业作为拟制人,其犯罪行为离不开真实存在的自然人的内部作用,刑事合规基于对企业本身犯罪的预防作用,降低了企业这一拟制主体自身的犯罪风险,使其中自然人的犯罪行为凸显,这一事前预防措施是对自然人所无法做到的,因此应对其予以刑事激励。

事后合规企业是在犯罪之前并未建立或尚未有效实施刑事合规制度的企业,此类企业若希望享受不起诉的优待,需要与检察机关签订附条件不起诉协议,将规定时间内建立并实施刑事合规作为获得优待的前提。这类企业与自然人附条件不起诉的主体类似,都是通过犯罪后的悔罪表现降低自身的社会危害性与再犯可能性,享受检察机关考察后给予的不起诉待遇。

同时，根据犯罪企业所有制和规模的差别，在刑事合规附条件不起诉制度的适用中要注意两方面的平等：一是国有企业和民营企业要平等适用。在我国这样的以公有制为主体的所有制模式下，保护民营企业尤为重要。因此，在刑事合规附条件不起诉制度的适用中，我们也应坚持国有企业与民营企业的平等，不应对二者加以区别对待。二是大型企业和小微企业要平等适用。从改革开放以来的小微企业发展状况来看，其一直在大型企业的夹缝中艰难求生。在疫情冲击下，我国小微企业的发展尤为艰难。因此，在适用刑事合规附条件不起诉时，不仅要因维护社会经济效益而保护大企业，更应注重小微企业这一重要的经济活动参与者，对符合条件的小微企业应当适用附条件不起诉。

其次，企业所犯何罪可以不起诉，也是适用刑事合规附条件不起诉的一个重要问题。有学者指出，因为我国刑法分则所规定的单位犯罪罪名较少，且对单位只能判处罚金，因此应将企业犯罪附条件不起诉适用于我国刑法分则中的所有单位犯罪。① 但笔者对此有不同的观点。虽然我国刑法分则适用于单位犯罪的罪名较少，但在刑法分则的各章节中基本均有处罚单位犯罪的规定。如《刑法》分则第二章危害公共安全罪第120条之一规定，“资助恐怖活动组织、实施恐怖活动的个人的，或者资助恐怖活动培训的，处五年以下有期徒刑、拘役、管制或者剥夺政治权利，并处罚金；情节严重的，处五年以上有期徒刑，并处罚金或者没收财产。为恐怖活动组织、实施恐怖活动或者恐怖活动培训招募、运送人员的，依照前款的规定处罚。单位犯前两款罪的，对单位判处罚金，并对其直接负责的主管人员和其他直接责任人员，依照第一款的规定处罚。”这亦是《刑法》分则对于单位犯罪的规定，对于这种性质的单位犯罪行为依然适用刑事合规附条件不起诉制度吗，显然荒谬。

笔者认为，刑事合规附条件不起诉制度适用的罪名应仅及于部分罪名。首先，这些罪名涉及的犯罪行为不能具有人身危害性，如《刑法》第153条规定的走私普通货物、物品罪、第286条之一的拒不履行信息网络安全管理义务罪等。对强迫劳动罪、虐待被监护、看护人罪等具有人身危害性的犯罪不能适用刑事合规附条件不起诉制度。其次，刑事合规附条件不起诉制度适用的罪名应与企业本身的管理和经营具有一定的联系，如毒品犯罪这类与单位经营管理并无实质联系的犯罪应当被排除在外，因为在此类犯罪中，企业即使建立了刑事合规，也无助于其犯罪预防目的的实现。

综合上述观点，笔者认为，刑事合规附条件不起诉的适用对象是实施了与企业经营管理有关的，不具有人身危险性的单位犯罪的事前实施或事后自愿实施刑事合规的企业。

（二）刑事合规附条件不起诉的条件

刑事合规附条件不起诉所附的条件可以参照我国《刑事诉讼法》对未成年人附条件不起诉的规定制定。《刑事诉讼法》第282条中规定：“对于未成年人涉嫌刑法分则第四

① 参见欧阳本祺：《我国建立企业犯罪附条件不起诉制度的探讨》，载《中国刑事法杂志》2020年第3期。

章、第五章、第六章规定的犯罪,可能判处一年有期徒刑以下刑罚,符合起诉条件,但有悔罪表现的,人民检察院可以作出附条件不起诉的决定。"第283条中规定:"在附条件不起诉的考验期内,由人民检察院对被附条件不起诉的未成年犯罪嫌疑人进行监督考察。"第282条规定是对未成年人适用附条件不起诉所需的条件;第283条规定是适用附条件不起诉后,确定对未成年人最终不起诉所需要的条件。在刑事合规附条件不起诉的条件标准中,也要考虑这两方面的因素。

适用刑事合规附条件不起诉首先要求犯罪企业是适格的主体,即实施了与企业经营管理有关的,不具有人身危险性的单位犯罪的事前实施或事后自愿实施刑事合规的企业。其次,要求该企业犯罪符合起诉条件,如果企业犯罪本身就不符合《刑事诉讼法》所规定的起诉条件,则对其当然不应起诉,并无刑事合规附条件不起诉的适用空间。再次,企业犯罪造成的损害结果应是在可修复的限度范围内,如果相关企业犯罪造成了不可逆转的巨大损失或极端恶劣的社会影响,显然难以对其适用刑事合规附条件不起诉。最后,涉案企业应有悔罪表现。区别于自然人的赔礼道歉、如实供述等悔罪表现,企业的悔罪表现应集中于认罪认罚、赔偿损失、配合调查等方面,这些降低司法成本和社会修复成本的贡献才是企业犯罪得到宽宥的根源所在。

确定对犯罪企业最终不起诉所需要的条件则与自然人附条件不起诉有很大差别。在当前的未成年人附条件不起诉中,最终确定不起诉的前提是通过人民检察院进行监督考察的考察期,其判断标准是犯罪人在考察期内的表现情况。在刑事合规附条件不起诉中,因为适用对象性质的不同,考察方式也应当有所差别。

对事前合规企业,考察应侧重于其刑事合规的实施情况,检察机关可以通过派员监督、第三方评估等方式对其刑事合规的制定和实施情况进行考察,如果能通过考察结果将企业犯罪中公司的刑事责任与员工个人刑事责任进行有效分割,则可以决定对企业最终不起诉。对事后合规企业来说,最终决定对企业不起诉的条件应当更为严格,首先需要犯罪企业与人民检察院签订附条件不起诉协议。(这参照了美国的"审前转处协议"制度,在该制度下,检察官与被告方达成协议,承诺设置一定的考验期,在考验期之内暂时不对其提起公诉,而被告方在此期间要履行一系列的义务。①)犯罪企业要通过完成协议规定的刑事合规建设来换取人民检察院放弃起诉,并在协议履行期间接受合规监督员的监管。在协议履行期间,犯罪企业不得重新实施犯罪行为,也不得以任何方式违反协议条款,否则将被撤销刑事合规附条件不起诉,重新提起公诉。

(三)刑事合规附条件不起诉的程序

在刑事合规附条件不起诉的程序设计上,应当参考未成年人附条件不起诉制度与认罪认罚从宽制度,遵循宽严相济的刑事政策来制定,在打击企业犯罪的同时注重对企业

---

① 参见陈瑞华:《企业合规视野下的暂缓起诉协议制度》,载《比较法研究》2020年第1期。

经济价值的保护。

第一，刑事合规附条件不起诉的适用程序。在适用刑事合规附条件不起诉时，除企业需是适格对象这一客观条件外，还应当满足一定的主观条件，尊重企业犯罪案件中参与各方的意愿。这一制度的设计应考虑到国家、社会、企业利益的平衡，不能为了一味追究企业的刑事责任而放弃对经济和社会的保护，亦不能为了保护经济效益和节约司法资源而纵容企业犯罪现象，要真正地做到制度有益于多方主体。首先，适用刑事合规附条件不起诉要尊重公安机关与被害人的意愿。对附条件不起诉的决定，公安机关要求复议、提请复核或者被害人申诉的应当按照《刑事诉讼法》相应的规定进行处理，保障刑事司法的公正性。其次，适用刑事合规附条件不起诉应征得当事企业的同意。适用刑事合规会显著增加企业的经营管理成本和人力物力消耗，因此，是否适用刑事合规必须由企业自主决定，人民检察院不能出于节约司法成本和资源的考虑强制企业进行刑事合规。犯罪企业对人民检察院决定附条件不起诉有异议的，人民检察院应当作出起诉的决定。在以上两个条件都满足时，才可以进行刑事合规附条件不起诉的适用。

第二，刑事合规附条件不起诉的考察程序。在适用刑事合规附条件不起诉的过程中，无论是事前合规企业还是事后合规企业都需要受到人民检察院一定期间的考察，在考察通过后才能最终做出不起诉的决定。在这一考察期内，人民检察院和犯罪企业都要遵守相应的程序。人民检察院要注意：(1)不能直接介入或干涉企业的经营管理；(2)不能要求企业提供与犯罪行为无关的企业信息；(3)除特殊情况外，考察不能超过规定的期限。在事前合规企业的考察期内，人民检察院通过派员监督、第三方评估等方式对其刑事合规的制定和实施情况进行考察。在这种考察方式下，企业则要注意：(1)遵守法律法规，服从监督；(2)配合人民检察院的调查行为；(3)不得取消刑事合规或伪造刑事合规的实施情况。在事后合规企业的考察期中，企业通过签订和履行附条件不起诉协议来接收考察，因此要注意：(1)不得再次实施犯罪行为；(2)不得以任何方式违反协议条款；(3)接受合规监督员的监管。

第三，刑事合规附条件不起诉的撤销程序。在刑事合规附条件不起诉进入考察期后，要区分两种情形讨论。若犯罪企业在考察期内遵守规定，正确履行附条件不起诉协议，考验期满后，人民检察院应当作出不起诉的决定。在这种情形下，不需进入刑事合规附条件不起诉的撤销程序。但当企业在考察期内违反法律法规、违反附条件不起诉协议或具有其他违背刑事合规附条件不起诉精神的情形时，人民检察院应当撤销刑事合规附条件不起诉的决定，对犯罪企业提起公诉。撤销刑事合规附条件不起诉的决定的情形应限定为以下几种：(1)实施新的犯罪或者发现决定附条件不起诉以前还有其他犯罪需要追诉的；(2)违反附条件不起诉协议或者人民检察院有关附条件不起诉的监督管理规定，情节严重的；(3)合规企业在考察期届满后取消刑事合规或伪造刑事合规的实施情况的。

企业合规不起诉的本土化构建

王　希　梁金钢*

摘要：为了保护民营经济、优化营商环境，我国检察机关开始对企业合规不起诉制度进行有益的司法实践探索。考察美国和英国的立法制度，企业合规制度表现出预防和治理企业犯罪的有效方式。在我国企业刑事合规试点工作中，暴露出中小（微）企业适用企业合规不起诉存在困难、缺乏判断合规有效性的标准、企业合规不起诉的运行方式不成熟等问题。因此，通过针对化构建中小微企业合规、确定有效的企业合规判断标准、拓展企业合规不起诉的实施方式可以使企业合规不起诉制度在本土化发挥更大优势。

关键词：刑事合规　企业合规不起诉　企业合规标准

在党的第二十次全国代表大会上，习近平总书记指出："优化民营企业发展环境，依法保护民营企业产权和企业家权益，促进民营经济发展壮大。完善中国特色现代企业制度，弘扬企业家精神，加快建设世界一流企业。支持中小微企业发展。深化简政放权、放管结合、优化服务改革。"①《刑法》作为社会治理的重要工具，在保障市场经济秩序中发挥着无法替代的作用。然而，刑事法律风险已经不可忽视地成为当今民营企业发展过程中的重大风险，制约着民营企业家的创业积极性。② 在生产经营活动当中，一些民营企业可能出于各种原因偶然触犯刑法。如果一味对他们偶尔触犯刑法的行为，动辄启动刑事追诉程序，可能出现"办理一个案件，毁掉一个企业"现象，引发一系列问题。当前，受国际环境更趋复杂严峻和国内疫情冲击明显的超预期影响，经济新的下行压力进一步加大。民营企业的高质量发展对稳定经济大局、保障就业民生、维护社会安定发挥着重要

---

* 王希，北京外国语大学法学院博士研究生，中国法治现代化研究院研究员；梁金钢，南京审计大学企业合规研究中心研究人员。

① 习近平：《高举中国特色社会主义伟大旗帜　为全面建设社会主义现代化国家而团结奋斗——在中国共产党第二十次全国代表大会上的报告》（2022 年 10 月 16 日），人民出版社 2022 年版，第 29 页。

② 陈卫东：《从实体到程序：刑事合规与企业"非罪化"治理》，载《中国刑事法杂志》2021 年第 2 期。

的作用。因此,2020 年 3 月,最高人民检察院启动涉案违法犯罪依法不捕、不诉、不判处实刑的企业合规监管试点工作。以此来促进企业合规守法经营,减少和预防企业犯罪,实现司法办案政治效果、法律效果、社会效果的有机统一。经过两年多的发展,当前企业合规不起诉作为企业刑事合规的激励机制已经成为涉及多种法律部门的前沿交叉课题,值得理论界与实务界进一步探索。

一、企业合规不起诉制度的重要意义

普遍意义上的企业合规是指企业在生产经营过程中遵守各类法律法规、行业规范以及其他相关规范,以避免可能面临的各类违法责任。企业刑事合规是指企业制定相关自律性合规规则,来预防犯罪行为的发生,避免遭受刑法的处罚。当前,最高人民检察院通过开展企业合规不起诉的探索,大胆尝试将企业合规不起诉适用于一些民营企业轻微犯罪案件中,已经取得了良好的社会效果,也反映出企业合规制度背后所蕴含的重要意义。

(一)提升对民营企业的司法保护力度

2019 年 10 月 18 日,最高人民检察院检察长张军在北京大学作“中国特色社会主义司法制度的优越性”专题讲座时强调,可捕可不捕的不捕,可诉可不诉的不诉,目的是让违法但犯罪情节较轻的企业不至于因为“老板”被诉而彻底垮掉。[①] 在最高人民检察院的推动下,地方检察机关正在积极探索将企业合规不起诉制度引入公诉制度当中,实现新型的社会治理,以此避免出现“办理一个案件、搞垮一个企业”的情况发生。[②] 企业合规不起诉使犯罪的预防和治理可以通过“非罪化”的形式展开,为检察机关提供可新的选择,改变了“逢案必拘”“逢案必诉”“逢案必判”的传统办案思路。当企业或者其管理人员、职工涉嫌犯罪,若该涉案企业承诺建立或已经建立了有效的,非浮于文本的企业合规制度,那便可以作为刑事上的抗辩事由,避免被直接提起公诉并被法院定罪,以此获得宽大处理的机会。同时,企业合规不起诉制度作为一种出罪机制,避免了民营企业及其管理人员、职工因经营活动偶发违法被认定为犯罪后刻有“犯罪分子”的烙印,无法再融入正常的市场经营活动之中。因此,企业合规不起诉制度通过灵活化的方式,提升了对民营企业的司法保护力度,同样也维护了市场经营主体的活力。

(二)提升我国商业组织的国际竞争力

经济全球化是不可逆转的时代潮流,我国越来越多的企业已经走出国门,投身到国际市场的竞争当中。21 世纪的头十年,各发达国家政府开始加大了执法力度,引导企业强化合规经营。与此同时,各国际组织也纷纷出台指引,促进企业加强合规管理。一批在行业内领先的跨国公司,率先加强合规管理,提升合规管理能力,在国际市场上建立新

---

① 载澎湃网,https://www.thepaper.cn/newsDetailforward5298627,最后访问日期:2022 年 10 月 5 日。

② 参见刘少军:《企业合规不起诉制度本土化的可能及限度》,载《法学杂志》2021 年第 1 期。

的竞争优势，形成了合规竞争力，也为企业国际竞争带来了新的规则。因此，无论是以抢占全球商业竞争市场为目的，还是从争夺国际规则话语权的角度出发，企业合规制度都应该得到足够的重视。现如今，我们应当以企业"非罪化"治理为契机，切实提高民营企业通过合规机制开展全新的内部治理活动，强调企业内部合规管理制度，对涉事企业从源头进行治理，督促其在经营管理等方面进行全方面地合规化改造，消除经营违法违规风险，使我国企业能走出国门，依法依规经营，并具有强大竞争力。

二、比较法视野下企业合规不起诉制度镜鉴

（一）美国企业合规不起诉制度

1977 年通过的《美国反海外腐败法案》（FCPA）是美国联邦规制企业腐败最重要的立法，也开创了企业合规不起诉制度。FCPA 规定，在执法机关启动调查之后，如果涉案企业已经构建并实施了企业合规制度，那么它们可以在程序上直接获得不起诉的决定，也可以在实体上获得减轻、免除处罚。FCPA 一直以严苛著称，违反该法的企业会面临巨额的刑事或者民事处罚。这也就意味着，一旦相关企业被提起指控，那么将受到无法逆转的"损失"。这其中既包括缴纳罚款，也包括因损失商业信誉而失去商业交易机会甚至被剥夺从业资格。在这样正反两面的激励之下，越来越多的企业开始着手设立真正有效的合规制度，并自觉遵守。正如西门子公司，8.5 亿美元重罚促使其建立了世界上最完善的合规体系，并庄严承诺"只做合规的业务"。1987 年，美国颁布了《联邦量刑指南》，其中规定检察官在决定是否对案件进行起诉时，其判断的重要依据就是审查该涉案企业是否建立了真正有效的合规计划。此外，美国检察官除了将合规因素作为提起公诉与否的重要考量外，还可以与企业达成和解，形成一种相对不起诉协议。根据实施步骤的不同，上述协议可以分为"暂缓起诉协议"（DPA）和"不起诉协议"（NPA），检察官可以根据案件特点和企业完成合规建设的情况灵活适用。

（二）英国企业合规不起诉制度

2010 年，英国通过了《反贿赂法案》，其中借鉴了美国的刑事合规制度。如果企业建立了有效的合规制度，那么该法新增设的"商业组织预防贿赂失职罪"便可以作为无罪抗辩的重要事由。根据该法规定，如果企业的工作人员，为获取或争夺企业的业务，或者以帮助企业赢得商业优势为目的，向他人行贿，就触犯该罪名。该罪名显然对企业作出了非常严格的法律要求，以预防商业贿赂行为。但是该法还同时规定，如果该企业能够证明已经履行了"充分程序"以预防该行为的发生，便不再认定该企业构成该罪行。这种"充分程序"作为一种出罪事由体现出了合规不起诉的内涵。同时，英国《反贿赂法指南》对何种情形才能构成"充分程序"作出了详细规定，也被视为英国版的企业合规建设指引：（1）商业组织所制定的"反贿赂程序"应当与反贿赂风险目标相适应；（2）商业组织高管层应当对反贿赂作出积极承诺，包括向全公司内外传达反贿赂的态度，并积极参与到

反贿赂程序中;(3)定期对所面临的外部和内部贿赂发生的风险和程度进行自我评估;(4)对敏感领域的关联人员定期进行反贿赂尽职调查;(5)加强内部沟通与培训工作,确保组织内部雇员充分知晓公司制定的反贿赂制度;(6)定期评估商业组织制定的反贿赂制度的实施情况,并定期采取必要的改进措施。

三、我国企业合规不起诉制度适用的突出问题

(一)中小(微)企业适用企业合规不起诉的困境

根据调查显示,截至2021年年末,全国中小微企业数量达4800万户,占全部规模企业法人单位的99.8%,吸纳就业占全部企业就业人数的79.4%。在中小(微)企业中,仍以微型(0—9人)企业为主,占比超79%。① 因此,中小(微)企业能否适用合规不起诉制度,如何适用合规不起诉制度是在我国国情下,无法被忽视的重要问题。从构建成本的角度出发,制订有效的企业合规计划并且良好地实施需要付出较大的成本,这必然会引发企业经营成本的增加影响其市场竞争优势。在域外的实践中,刑事企业合规不起诉的实施往往被限定在一定的范围之内,即只有在特定领域内规模较大、市场占有较高、实力较为雄厚的企业才有资格在事前或事后通过制定合规计划来免予起诉,而对于数量众多的中小型企业往往不具备这种出罪机会。同时,基于构建成本与实施能力的考虑,有部分研究者认为企业合规减少或者免除刑事处罚的制度应当限定于大型企业。但这种观点很显然不适合中国的现实国情,显然无法得到支持。

(二)缺乏企业合规有效性的判断标准

当前,在推动企业合规的过程中,如何判断合规计划的科学性与有效性,并且被充分地实施,已经成为世界各国的难题。由于缺乏判断合规有效性的标准,政府推动的企业合规往往难以达到预期的效果,很多企业几乎没有做出真正有效的合规计划。在涉罪企业合规不起诉制度中,评估企业合规整改是否符合有效性的要求是检察机关依法做出不起诉决定的关键考量因素。但因企业合规有效性判断标准的缺乏,现实中检察机关难以确定涉罪企业推行的合规计划是否真正有效。在试点工作中我们发现,涉嫌违法犯罪的企业为了获得宽大处理而制定的"应急"合规计划,在缺乏合规有效性的判断标准约束之下,往往会停留在"纸面合规"这一层面,无法落实到实质性的合规整改。② 此外,不同行业领域的不同企业,其组织规模、经营事务、风险特征都存在非常大的差距。当没有可行的标准参照,检察机关显然难以对其合规计划的制定及落实的有效性做出准确判断。③

---

① 《全国中小微企业数量达4800万户》,载中国日报中文网,https://caijing.chinadaily.com.cn/a/202209/05/WS631594e9a3101c3ee7ae7364.html。

② 邓峰:《公司合规的源流及中国的制度局限》,载《比较法研究》2020年第1期。

③ 参见陈瑞华:《有效合规计划的基本标准——美国司法部〈公司合规计划评价〉简介》,载《中国律师》2019年第9期。

（三）企业合规不起诉的运行方式不成熟

从本质上说，对于涉嫌犯罪的企业进行合规不起诉是一种推动企业合规的刑事激励举措。但是，当前在我国使用何种运行方式来不起诉合规企业还不明确，目前来看有两种方式比较适合。一种方式是通过相对不起诉机制来运行，另一种方式是通过附条件不起诉机制来运行，这两种模式皆存在不同的利弊。相较于相对不起诉制度，附条件不起诉制度伴有天然的“监督”“合作”的功能，这使通过适用这种机制来推动企业刑事合规可能会更加有效。然而，根据我国《刑事诉讼法》的规定，当前附条件不起诉只能适用于未成年犯罪，那么这种制度就无法直接运用于企业合规不起诉。[①] 因此，在相关法律进行修改之前，通过相对不起诉的方式来推动企业刑事合规往往更加合适，它最大程度上降低了突破法律的风险。当前，最高人民检察院已经公布了三批涉案企业合规典型案例，其中大部分都是通过适用相对不起诉的方式来运行的。然而，通过运用相对不起诉制度来激励企业刑事合规也具有很大的局限性。根据我国《刑事诉讼法》的规定，相对不起诉制度只能适用于犯罪情节较为轻微、社会危害性较小的行为，而对于发展规模较为庞大、市场占有率较高的企业，其违法行为往往难以纳入“情节轻微”的范畴。因此，当前我国企业合规不起诉的运行方式还不成熟，缺乏能够普遍适用且符合合法性原则的运行方式，需要完善立法进行解决。

四、企业合规不起诉制度的完善路径

（一）中小微企业合规构建的针对化

当前，我国企业合规不起诉制度的完善应首先关注中小（微）企业犯罪治理的国情。在中国国内的大中型民营企业中，企业合规应当属于其内部组织体制和架构中的一部分。相对而言，企业对其内部进行相对完全的合规整顿，并委托专门的第三方监督组织跟踪、监测与评价，有着相当的可行性。但对中小型民营企业、公司完全按照大中型公司标准进行合规建设意味着过高的运营成本。因此，如果建立企业完全合规的管理成本，远大于企业正常运营的负荷，则不起诉的保障效应就难以实现应有效果了。要实现企业合规建设的本土化，首先就应当兼顾合规不起诉的普适性，唯有其全方位适用才能真正做到保护企业的同时优化营商环境。根据企业合规的多元化发展趋势，企业合规的管理方法也应适当减少构建成本。针对小微企业的企业合规管理方法应当契合企业的具体规模，关注于合规计划的效率，使之更具针对性，从而给小微企业构建企业合规的机会。

同时，检察机关所倡导的企业刑事合规制度的建立，也必须把企业合规体系的建立重点放在企业内部管理架构上，因此，应该在企业内设置一个相对独立的管理机构，并形成一个体系来预防和制止触犯法律、法规的行为，通过法律或者采取减免处罚的手段鼓

---

① 赵恒：《企业附条件不起诉制度的理论前瞻》，载《中国检察官》2020年第17期。

励和引导这样的行为,使法律防止违法犯罪行为的功能由此体系逐渐传递到了公司自身。即使是小微型企业,也可以根据自身的人员结构和关键风险点,设置与其规模相适宜的合规管理机构(或合规管理专员)。这时,就将重建现代企业的内部治理架构,以增强现代公司的市场竞争力。在这一内部管理架构中,合规计划职责就是保证公司行为符合法规、监管制度和社会规范。这种履职的压力而并非来源于大股东,而是由执法部门从外界强加给企业的内部管理结构。在此基础之上,我们便可以继续立足我国基本国情,深入探索中小微企业的治理结构和相应的简易刑事合规这一本土化问题。

(二)企业合规有效性判断标准的确立

对企业刑事合规计划的有效性进行审查的关键需要以企业治理模式为基点,作出全面化、整体化、体系化的观察,而非简单依据“纸面标准”进行对照性核查。[①] 完成这种审核要求的关键是依据企业刑事合规有效性的基本原则,根据不同的行业特点、企业规模、犯罪特征构建差异化的有效性评判标准,同时还应当兼顾中国存在大量中小微企业的现实特征。对于发展规模较大的涉案企业,合规的有效性判断标准主要包括合规计划制定的审查标准、合规计划实施的评估标准、合规计划持续性监测标准三大部分。合规计划制定的审查标准应当包括五个方面:(1)风险的识别与控制;(2)企业规章制度构建;(3)审计人员的审核;(4)职工培训与日常交流;(5)违法违规的检举揭发,等等。对于企业合规计划实施的评估标准,主要包括以下四个方面:(1)最高领导层的态度;(2)管理层的决策意见;(3)合规组织的机构设置与负责人的企业地位;(4)问责与奖惩的实施。合规计划持续性监测标准则主要包含:(1)企业违法违规的数量;(2)企业内合规文化的形成;(3)经营理念与管理思路的转变。

在这一系列标准的实施之下,企业刑事合规计划的制订与执行的有效性能够得到较为充分的评价。值得强调的是,这些标准并非孤立静态的“纸面标准”,而应当是随着市场环境和不同企业特点而灵活变化的“活的标准”。那么,对于中小微企业而言,企业合规有效性的审查标准便可以省去若干形式要求,更加具有针对性。检察机关可以围绕涉案企业的违法类型、情节轻重来确定犯罪风险预防的重点领域,综合判断合规计划的有效与否。行政监管机关也可以通过完善生产经营流程监督,推动风险的自我排查,督促企业人员参与相关合规建设与合法经营的培训活动,实现精准化、高效化的合规治理。同时,对于中小微企业的合规实施监督,可以缩减第三方考察规模,以最大化降低合规成本。

(三)拓展企业合规不起诉的适用方式

目前看来,我国还没有形成类似于美国 DPA(暂缓起诉协议)和 NPA(不起诉协议)制度,这使企业合规不起诉并不是一个严格的法律概念。尽管相对不起诉在我国企业犯

---

① 参见周振杰、赖祎婧:《合规计划有效性的具体判断:以英国 SG 案为例》,载《法律适用》2018 年第 14 期。

罪中已经广泛适用，特别是在 2018 年 11 月 1 日“民营企业座谈会”之后，检察机关加大了对企业犯罪的不起诉力度。但现有的相对不起诉在企业犯罪中适用存在一系列弊端，如不起诉的标准混乱，对企业的威慑力不足，犯罪预防功能彰显不足等。因此，仅仅通过推广相对不起诉的适用或扩展附条件不起诉的范围等方式选择，可以暂时弥补当前企业合规不起诉的制度困难，但其适用的基本理念仍然只是聚焦于解决轻微的企业犯罪问题。这不仅限制了涉罪企业合规不起诉制度的改革进程，而且对涉罪企业的保护力度也相对有限。①

在检察机关参与构建企业合规制度，保障营商环境、优化社会治理的路线方针背景下，我们当前可以尝试通过将全新的、专门的企业合规不起诉制度，规定在《刑事诉讼法》当中。其中，对适用企业刑事合规不起诉的主体、条件、程序、考察期限、不起诉决定作出、救济渠道进行全面规定。此外，合作型的司法模式也应当得到制度性的规定，通过拓展附条件不起诉的适用范围、检察建议、企业犯罪认罪认罚从宽等可以建构多种维度的企业合规激励模式。使检察机关能够针对企业犯罪的具体情况，依据不同的罪名和情节来灵活确定处置方式，并依法选择适用合适的不起诉路径，从而深入推进企业合规制度与犯罪治理的融合发展。

---

① 周新：《涉罪企业合规不起诉制度重点问题研究》，载《云南社会科学》2022 年第 2 期。

检察主导下的合规依据及模式选择

龚怀军　任　远*

摘要:涉案企业合规制度中企业“出罪”的正当化依据在于认罪认罚。检察机关主导下的刑事合规存在检察机关监管、行政机关监管和独立监管人三种模式,各有利弊。由此优化选择产生第三方监管机制。对刑事合规的监管问题必须灵活处理,使其更加契合中国刑事的现实化路径。

关键词:企业犯罪　刑事合规　检察主导

一、问题的提出

应对和预防企业犯罪是世界各国普遍遇到的问题。时至今日,合规计划被认为是企业经营的最佳方式,也是预防和治理企业犯罪的有效方式,已成世界趋势。① 企业一旦涉嫌刑事犯罪,企业面临的传统民商事风险立刻转为刑事法律风险,企业将面临高额罚金,甚至因为刑事风险导致参与某些项目资质的剥夺,乃至最终的破产关门。与自然人犯罪相比,企业犯罪对一国的经济和社会的冲击和危害尤其巨大。有学者断言,对法人起诉和定罪会带来刑罚的“水波效应”,会严重损害法人的投资者、雇员、养老金领取者、客户等无辜第三人的利益。② 我国企业犯罪一直处于高位运行,通过中国裁判文书网进行统计发现,2014 年 1 月 1 日至 2019 年 1 月 1 日,五年中单位犯罪共计 16861 件,并且呈逐年上升趋势。③ 我国调整市场经济的法治模式是以刑法为主导的控制型经济管理模式,在该模式下,刑事法律风险已经成为企业特别是民营企业在发展过程中面临的最大风险。④ 如何避免企业犯罪对社会的冲击,是摆在司法工作者面前的现实问题。

---

* 龚怀军,江苏省涟水县人民检察院党组书记、检察长;任远,江苏财经职业技术学院讲师。

① 参见李勇:《企业犯罪附条件不起诉的立法建议》,载《中国刑事法杂志》2021 年第 2 期。

② 参见陈瑞华主编:《企业合规基本理论》,法律出版社 2020 年版,第 316 页。

③ 转引自李勇:《企业犯罪附条件不起诉的立法建议》,载《中国刑事法杂志》2021 年第 2 期。

④ 参见陈卫东:《从实体到程序:刑事合规与企业“非罪化”治理》,载《中国刑事法杂志》2021 年第 2 期。

近年,合规概念作为“舶来品”引入我国,引起了我国法律理论界和司法实务界的高度重视。合规,被定义为一种旨在全面发现和预防企业犯罪的组织体系,其目标,一是阻止公司内部的不端行为,二是提供一种内部监督和报告不当行为的方法。① 广义的合规计划,是从商业诚信到民事责任,乃至行政责任直至刑事责任的一揽子计划,或称为全面合规。

最终能够刺激企业重视、构建合规计划的,一定是最终的刑事责任。也只有涉案企业面临刑事风险,才最终让企业感觉到切肤之痛。因此,狭义上的合规计划是最终以企业面临的刑事责任为依托。合规计划以预防刑事法律风险为终极目的,以刑法激励措施作为终极动力。② 易言之,企业之所以有动力构建合规计划,是因为通过合规计划可以获得刑事层面的肯定,企业可以通过合规计划获得检察官的“宽恕”,从而让企业活下来。因此,合规计划必然以涉案企业的刑事合规为核心。

企业通过刑事合规实现“出罪”实现保全自身的目的,必然离不开检察官的参与,甚至说检察官才是涉案企业合规的主导者,进而实现审前转处。检察官与被告方达成协议,承诺设置一定的考验期,在考验期内暂时不对其提起公诉,而被告方在此期间履行一系列义务,如自愿承认被指控的犯罪事实、赔偿被害方,承诺全力配合调查、制订并实施合规计划等。③ 检察官通过与涉案企业协商,并完成 DPA(暂缓起诉协议)或者 NPA(不起诉协议)协议。

二、放过企业的正当化依据在于认罪认罚

刑事合规是一个“舶来品”,兴起于美国刑事司法,要在中国落地生根,必须结合中国的司法实践。涉案企业合规的本质是放过涉案企业。在传统刑事实体法层面,单位犯罪采用双罚制,单位往往要承担罚金刑,企业主管或者直接责任人要承担其他刑事责任。企业往往还要面临其他不可知的风险,如纳入行贿黑名单,不能参加一些项目的招投标。为何在刑事责任上放过企业,这在理论上需要解释。

(一)认罪认罚从宽制度和刑事合规具有高度契合性

2018 年,我国《刑事诉讼法》再次进行了修正,规定犯罪嫌疑人、被告人自愿如实供述自己的罪行,承认指控的犯罪事实,愿意接受处罚的,可以依法从宽处理。这改变了以往由检察官单方面决定起诉或者不起诉的模式。传统刑事司法模式是国家对刑罚权的垄断和犯罪行为的对立,而认罪认罚从宽制度更多体现合作司法模式。合作司法源起于西方国家 20 世纪 70 年代兴起的“恢复性司法”运动,着眼于修复因犯罪行为而遭受破坏

① See Michael Goldsmith and Chad W. King, *Polocing corporate crime: The dilemma of internal compliance programs*, Vol. 50 Vanderbilt Law Review 3,3 -45(1997).

② 参见李本灿等编译:《合规与刑法——全球视野的考察》,中国政法大学出版社 2018 年版,第 308 页。

③ 参见陈瑞华主编:《企业合规基本理论》,法律出版社 2020 年版,第 233 页。

的社会关系,国家给予被害人与被告人之间的谅解、合作予以认可和鼓励。[①] 认罪认罚从宽制度本质上也属于合作性司法,是在检察官主导下的一种量刑协商。认罪认罚从宽被规定在《刑事诉讼法》总则中,是"贯穿整个刑事诉讼程序的重要制度",[②]应当平等适用所有犯罪主体,无论自然人犯罪还是单位犯罪。2018 年 11 月 6 日最高人民检察院检察长张军在谈论保护民营企业产权时指出:"对于涉企业犯罪,要落实好修改后刑事诉讼法有关认罪认罚从宽的规定,对符合改变羁押措施的及时改变,对符合从宽处理的案件依法坚决从宽。"[③]2020 年 2 月 26 日中央政法委会同最高人民法院、最高人民检察院、公安部、司法部制定了《关于政法机关依法保障疫情防控期间复工复产的意见》中再次明确,在涉企业案件办理中,积极推进认罪认罚从宽制度适用,落实少捕慎诉慎押司法政策。不难看出,认罪认罚从宽制度从未排斥单位犯罪,单位认罪认罚的,可以从宽。通过认罪认罚从宽的协商司法,为刑事合规的引入创造了契机。

(二)刑事合规和认罪认罚从宽制度具有相同的正当化依据

域外德国的认罪协商制度和我国的认罪认罚从宽制度有很多相似之处。德国法学界对认罪协商制度的非议之一就是认罪协商从宽和刑事实体法中的责任主义原则存在矛盾。实体刑法上的个人罪责原则和程序法上的职权调查原则,被视为阻止类似诉辩交易制度在德国兴起的两个因素。[④] 尽管如此,"德国刑事诉讼程序正以难以想象的速度和不可阻挡的动力,发展出一种新的程序性结案方式","这种新的程序性结案方式,在德国被称作协商、协议、谅解,甚至被称作交易。"[⑤]我国《刑法》也规定了罪刑均衡原则,对被告人判处的刑罚应当与其所犯罪行的危害性相当,易言之,重罪重判,轻罪轻判,体现朴素的正义观。现代意义上的罪刑均衡已经早已走出了"以牙还牙"的窠臼,而呈现出报应主义和预防主义并存的折中主义。对被告人施加刑罚以其具有罪责能力为前提,不得对没有罪责能力的人施加刑罚,罪责为刑罚的合法性奠定基础,也为刑罚划定了上限(责任刑);但是刑罚的裁量还必须考虑惩罚犯罪的必要性(预防刑)。[⑥] 这里的预防既包括特殊预防,也包括一般预防。在责任基础上报应刑为基准,通过对预防必要性的评估,对基准刑进行调节。因此,预防必要性的降低,行为人完全可以获得量刑上的优惠。比如,当事人通过赔偿、和解等一系列行为既表达了自己悔过的意愿,也表现了自己不愿意再次

---

① 参见李勇:《检察视角下中国刑事合规之构建》,载《国家检察官学院学报》2020 年第 4 期。

② 孙谦:《检察机关贯彻修改后刑事诉讼法的若干问题》,载《国家检察官学院学报》2018 年第 6 期。

③ 转引自姜洪:《"三个没有改变"关键在落实,着力为民营经济发展贡献检察力量》,载《检察日报》2018 年 11 月 7 日,第 1 版。

④ 参见卞建林、谢澍:《职权主义诉讼模式中的认罪认罚从宽——以中德刑事司法理念与实践为线索》,载《比较法研究》2018 年第 3 期。

⑤ [德]约阿希姆·赫尔曼:《德国刑事诉讼程序中的协商》,王世洲译,载《环球法律评论》2001 年冬季号。

⑥ 李勇:《检察视角下中国刑事合规之构建》,载《国家检察官学院学报》2020 年第 4 期。

犯罪的主观意思，降低了预防必要，“许多程序性条件中，特殊预防的需要被明显减少了”。[①] 被告人通过认罪认罚，表达了自愿将自己置于司法机关的管辖下，接受指控的罪行和罪名，因此特殊预防必要性明显降低，所以可以对其量刑从宽。

刑事合规本质是涉案企业通过与检察官的协商，主动披露自己的违法行为，并对违法行为点进行识别和应对，避免后续再次发生刑事不法行为，实现预防必要性的降低，从而影响司法机关的预防刑设置，进而对其从宽处罚，包括减轻和免除其刑事责任。

我国刑法对单位犯罪实行双罚制。涉案主管人员的认罪认罚不能代表单位认罪认罚的态度。那么企业作为一个拟制人格，如何表现自己的认罪认罚？受单位主观意思鼓励、刺激、容忍或者默许的自然人的行为，才能够被看作单位的犯罪行为。[②] 因此，在判断单位自身意志时，不能仅以单位组成人员的主观罪过视同单位意志，而应当从包括企业的结构、文化、合规计划等多方面的因素来加以判断。[③] 企业通过自己建立完备的章程、有效合规计划、适度的合规机构和人员、持续合规培训，对合规文化的认同，对违法行为的及时披露，和司法人员充分配合，表明涉案企业对法的信仰，对法秩序的维护，表明自己愿意通过认罪认罚，希望获得刑罚层面的减让和豁免。

从这个角度看，刑事合规和认罪认罚从宽制度在理论具有高度同源性，在操作层面都体现了协作型，因此认罪认罚从宽制度为刑事合规的介入奠定了基础。

三、检察主导下的模式选择及优化

加强对民营企业的司法保护，已经成为社会各界普遍的共识。作为法律监督机关的人民检察院也在社会治理中发挥着越来越重要的作用。在此背景下，一些地方的检察机关开始尝试在审查起诉程序中引入企业合规机制，推行一种颇具特色的“企业合规不诉制度”。[④] 所谓“企业合规不起诉制度”，是指检察机关对于那些涉嫌犯罪的企业，发现其具有建立合规体系意愿的，可以责令其针对违法犯罪事实，提出专项合规计划，督促其推进企业合规管理体系的建设，然后作出相对不起诉的决定。[⑤] 这也是刑事合规制度中对涉案企业最具有吸引力的部分。

企业刑事合规制度是作为审前转处程序，通过检察官和涉案企业的充分协商，由企业在检察官规定的考验期内完成合规制度构建，通过对被害人的赔偿、向司法机关缴纳巨额罚金，由检察官对涉案企业进行考核，最终适用不起诉或者从宽处罚代替传统的起诉主义。

---

① [德]克劳斯·罗克辛：《德国刑法学总论》(第 1 卷)，王世洲译，法律出版社 2005 年版，第 704 页。

② 参见李勇：《检察视角下中国刑事合规之构建》，载《国家检察官学院学报》2020 年第 4 期。

③ 参见黎宏：《合规计划与企业刑事责任》，载《法学杂志》2019 年第 9 期。

④ 参见史济峰：《不起诉决定助力企业焕发生机》，载《检察日报》2020 年 6 月 12 日，第 3 版。

⑤ 参见陈瑞华：《企业合规不起诉制度研究》，载《中国刑事法杂志》2021 年第 1 期。

(一)企业合规监管模式

总体来说,目前司法实践中有以下几种监管模式。

1. 检察机关主导监管模式。检察机关主导监管模式,是指检察机关与符合适用条件的企业签订刑事合规监管协议,后者制订有效的合规计划,并同意接受检察机关的监督和考察。[①] 这类监管模式是由检察机关直接担任合规考察机构,合规考察机构全面参与对企业的合规监管,合规考察机构完成和企业的合规协议签订、监督考察。同时合规考察机构亦对检察官办理企业合规监管案件进行内部监督。合规监管协议由检察官、合规考察机构以检察机关名义与涉案企业签订。合规监管协议的主要内容为企业首先全面配合司法机关的刑事调查;企业主动对被害人进行赔偿、缴纳罚款等补救性措施;企业制定根据自身风险点制订刑事合规计划,建立可以识别的、主动有效预防刑事犯罪的合规制度;企业定期进行合规培训,就合规执行情况定期向检察机关汇报;协议考验期以及履约或者违约的法律后果,等等。[②]

这一监管模式中,检察官直接控制整个刑事合规监管工作。根据合规监管协议,企业应当组建合规监管专业机构,其中包括企业高管以保证合规计划的顺利执行以及会计师、律师等专业人士参与。该合规监管机构负责制订和改进监督合规计划。检察机关也可以根据需要,直接聘请审计、会计、律师等专业人士担任外部监管人,协助企业制订、监督合规计划执行。无论是合规监管专业机构还是外部监管人都要在检察机关领导下执行刑事合规监管工作。甚至聘请的外部专业人士的薪酬都由检察机关安排,避免专业人员和涉案企业发生不正当的利益纠葛。

2. 行政部门监管模式。所谓行政部门监管模式,是指检察机关在审查起诉企业涉案的刑事案件中,委托相应的政府主管部门担任合规监管考察机关。由相应的行政主管机关对企业实施合规计划的情况进行监督,并将考察报告提交检察机关,据此检察机关决定是否对企业采取不起诉还是从宽量刑的制度。根据这一监管模式,检察机关可以委托行政主管部门或者企业所在地的街道、乡镇人民政府担任监管考察机关,涉案企业制定并出具合规建设计划以及接受考察监管的承诺书,并通知考察机关进行监督考察。检察机关在考察期间,保持和考察机关的沟通联系,适时掌握涉案企业的合规计划的执行情况,并针对合规建设中的偏差,及时向涉案企业提出整改意见。[③]

在考察期限内,行政机关对涉案企业执行合规计划进行全方位监管考察。主要职责包括:监督企业认真执行合规计划,要求企业聘请专业人士参与合规计划,涉案企业定期向考察机关提交书面考核整改和实施情况的报告。考察机关据此进行分析,并对下一步

---

① 参见陈瑞华:《企业合规不起诉制度研究》,载《中国刑事法杂志》2021 年第 1 期。

② 参见《南山区人民检察院关于涉企犯罪案件适用附条件不起诉试点工作方案(试行)》。

③ 参见《宁波市检察机关关于建立涉罪企业合规考察制度的意见(试行)》。

的合规工作进行部署和安排。考察期限届满，涉案企业向考察机关提交书面合规报告。考察机关根据书面合规报告，结合以往考察情况，向检察机关出具涉案企业合规考察终极评估文书。检察机关以此为参考，作出是否提起公诉或者不起诉的决定。

3. 独立监管人模式。独立监管人模式，是检察机关针对有刑事合规意愿的企业，责令企业在提交刑事合规计划书的基础上在考察期限内聘请独立监管人监控企业的合规开展工作。根据这一模式，检察机关与司法行政机关、专业机构协会充分协商，共同确定独立监管人名录，以供涉案企业在名录中聘请独立监管人。独立监管人一般由律师事务所、税务师事务所、会计师事务所等外部专业机构担任，独立监管人要有良好的职业道德和精湛的专业技能，与案件没有利害关系。在启动刑事合规监管秩序之后，涉案企业提供三名独立监管人候选者名单；如企业不能提供名单的，检察机关可以从独立监管人名录中选择三位候选者。检察机关与涉案企业充分沟通和商量，最终确定适格独立监管人参与企业合规工作。独立监管人一旦确定，就要与涉案企业签订监管协议，协议中应明确监管人的职责、权限、监管方式、聘用期限、薪酬标准、违约责任等内容。独立监管人的薪酬，一般由涉案企业支付。当然，上述监管协议需要征得检察机关的同意。①

在涉案企业与独立监管人达成监管协议后，独立监管人就应对涉案企业合规机制展开调查，帮助企业制订合规计划、协助检察机关监督企业合规计划的执行，并对自己履职情况和企业执行合规计划情况出具监管报告。上述监管报告供检察官是否对涉案企业作出最终处理时参考。对于独立监管人，主要履行以下职责：(1)对涉案企业的生产状况进行调查，分析企业违法犯罪的原因，找出企业生产活动中的风险点，出具刑事合规调查报告。(2)协助企业建立刑事合规机制。(3)在合规考验期内，独立监管人协助检察机关对涉案企业进行合规监管，督促企业执行有效合规计划，发现违法行为并有效应对，及时向检察机关报告，督促企业在后续经营活动中予以整改。(4)定期向检察机关报告企业的合规执行情况，提交阶段性书面监管考察报告。这些阶段性报告结合最终的考察报告，将成为检察机关对涉案企业最终法律处置的重要依据。

(二)对上述模式的评价

上述三种监管模式都各有利弊。检察官直接主导监管模式具有制度优势，检察官和涉案企业直接对话，与涉案企业签署合规监管协议。涉案企业的合规流程全部纳入检察官监管，检察官直接指导企业完成合规计划。但弊端也很明显，企业经营是一项复杂的系统工程。大部分检察官不具备企业经营管理业的知识储备和经营管理能力。员额检察官改革后，案多人少的矛盾尚未解决，检察机关很难保证足够的精力直接参与企业合规。且将企业合规的成本列入财政解决，是否有涉案企业转嫁违法成本的嫌疑。

行政监管模式有利于发挥行政机关的专业优势，检察机关获得行政机关的有力帮

① 参见《深圳市宝安区人民检察院涉企刑事案件附条件不起诉使用办法(试行)》。

助,对涉案企业进行有针对性合规监管。涉企业单位犯罪中,贿赂犯罪、环境资源犯罪和金融犯罪是三大重灾区。企业实施的犯罪大部分属于“法定犯”,违反行政法律、行政法规在先,然后因为情节进一步加重才进入刑事犯罪圈。行政部门对企业负有监管责任,也熟悉行政法规,亦具备行政执法的技术条件,因此吸收行政部门加入刑事合规更具有针对性。但这一模式的弊端也很明显。在行政权和司法权分野的情况下,行政机关加入刑事合规监管是否具有法律上的正当性,检察机关如何能够协调和调动行政机关加入刑事合规,发挥有效作用均有疑问。

如果采用独立监管人模式,确实可以保证刑事合规这样的复杂专业的工作有专业的人士来担当。但独立监管人的薪酬是由涉案企业支付,且面临很大问题。目前,企业独自承担监管费用的理论依据是,合规计划是对企业施加先发制人的惩罚,这是监督机构让公司为其责任“黑数”所支付的平等对价。[①] 但独立监管人从企业领取费用,两者极容易产生一定的利益纠葛。涉案企业如果私下给予较大经济利益,独立监管人还能保证监管的独立性吗?

(三)优化的第三方监管模式

1. 优化的第三方监管模式的建立。2021 年 6 月 3 日,最高人民检察院等九部委颁布了《关于建立涉案企业合规第三方监督评估机制的指导意见(试行)》,这份规范性文件肯定了在刑事合规中引入第三方监管模式。从该份规范性文件中,我们解读出最高人民检察院倾向于采取吸收行政机关加入刑事合规模式。同时吸收律师、注册会计师、税务师等专业人士参与刑事合规。为了保证第三方监督的独立性,该文件要求建立第三方监管人才库,便于检察机关随机抽取具体的监管人员。

这种模式吸收了行政监管模式的优点。我国已经建立较为完备的行政监管体系。对于企业涉及专项违法,如税务违法、环境违法都有相应的行政机关,从而保证行政监管的专业性。同时,行政机关的费用由本级财政负担,可以有效避免在费用方面让人产生行政机关和涉案企业之间的合理怀疑。同时该规范性文件也吸收了律师、税务师、审计师等专业人员,在一定程度上补强监管力度,更加体现了监管的专业性。

2. 优化方案的实践。涉案企业合规是一个新兴事物,在涉案企业具备合规条件,具有合规意愿的情形下,作为合规的主导机关——检察机关采用哪种模式参与合规无疑关乎这项工作的有效开展。通过第三方监管模式,既可以有效避免检察官对于企业经营方面的能力缺憾,也能利用行政机关的专业优势弥补检察机关的不足。专业人士的费用多元负担的思路在一定程度上弥补了被广为诟病的涉案企业和合规监管组织之间的利益纠葛。

---

① William S. laufer, *A Very Special Regulatory Milestone*, 20 University of Pennsylvania Journal of Business Law 392,393(2017).

笔者所在淮安地区涉案企业合规的案例还没有极大丰富，罪名相对集中在虚开增值税专用发票、虚开发票、侵犯公民个人信息等常见罪名。涉案企业往往规模不大，企业架构不是十分复杂。企业风险点也相对单一。不一定在每个案件中都需要采取行政机关和专业人士相结合的合规监管组织结构。对于简单案件从有效合规监管角度，检察官的直接监管和专业人士充任监管人士往往也能达到监督企业合规经营的目的。

因此，优化的第三方监管不能视为万能不变的模式，还需要结合企业规模、风险点识别、检察机关的力量配比等多方面因素选择案件中适合的合规监管模式。

四、结语

企业是市场经济的主体。在企业涉嫌刑事犯罪的时候，如何最大限度地保障企业的完整，避免水波效应是每一个法律人思考的问题。涉案企业通过自己的合规努力，降低再犯危险性，实现刑法特殊预防必要的降低，从而获得检察官的宽大处理。尤其是检察官作出的不起诉处理，但目前刑事诉讼法制度供给不完全，企业如何作出合规、合规监管委员的选任、薪酬的支付、检察官如何作出合规指引、对于合规报告的最终考核标准。这些问题都有待于检察官、涉案企业、行政监管部门、其他专业人士的共同推动。第三方监管模式无疑为涉案企业合规监管方案提供了一种相对优化的方案。涉案企业合规的监管方式需要结合司法实践作合适的选择。

大数据背景下检察机关法律监督高质量发展研究

江苏省无锡市锡山区人民检察院课题组*

摘要:党的二十大明确提出要加强检察机关法律监督工作,在数字赋能监督,监督促进治理的法律监督模式重塑变革下,检察机关应聚焦法律监督线索发现难、监督工作碎片化、监督成效不明显等问题,以积极稳妥的理念为引领,树立大数据战略思维,通过数据建模挖掘深层监督、融合监督、类案监督线索,采用库用分离、区块链等技术完善数据应用体系、安全体系、组织体系建设。

关键词:法律监督　大数据　线索筛查　体系化建设

党的二十大明确提出要加强检察机关法律监督工作,完善公益诉讼制度。作为宪法确定的法律监督机关,检察机关的法律监督高质量是检察政治建设、履职能力整体提升的关键。2022 年张军检察长在全国检察长扩大会议上提出"要以检察大数据战略赋能高质量发展"。检察工作质量建设年的重点在于以《中共中央关于加强新时代检察机关法律监督工作的意见》为遵循,聚焦法律监督短板,转变传统办案方式,跟上、适应信息化大势、充分挖掘、用好大数据,以大数据运用解决高质量发展难题,以数字革命驱动新时代法律监督整体提质增效。本文拟通过分析检察法律监督与大数据运用的契合点,剖析当前运用大数据开展法律监督的难点,提出完善数字检察赋能法律监督的路径建议。

---

* 课题负责人:王卫,江苏省无锡市锡山区人民检察院党组书记、检察长;朱勇,无锡学院人文法政学院法律系主任,副教授。课题组成员:莫斯敏,江苏省无锡市锡山区人民检察院第四检察部主任;王鹤,江苏省无锡市锡山区人民检察院办公室主任;杨帆,江苏省无锡市锡山区人民检察院第四检察部副主任。本文系 2022 年度最高人民检察院检察应用理论研究课题"大数据背景下检察机关法律监督高质量发展研究"部分研究成果。

一、大数据与检察法律监督

党的二十大指出全面依法治国总体格局基本形成，加大关系群众切身利益的重点领域执法力度，强调要加强检察机关法律监督工作，完善公益诉讼制度。这是继《中共中央关于加强新时代检察机关法律监督工作的意见》后，党中央再一次强调检察机关的政治责任、法治责任、检察责任，从重视法律监督工作的角度进一步完善党和国家的监督体系。

大数据具有 4V 特征，即海量的数据规模（Volume）、快速的数据流转和动态的数据体系（Velocity）、多样的数据类型（Variety）、巨大的数据价值（Value）。[①] 数字检察不单是手段的革新、工具的升级，更是在整体上推进数字赋能监督，监督促进治理的法律监督模式重塑变革。数字检察的核心要义，在于统筹数字化技术、数字化思维、数字化认识，培育数字能力和方法，构建检察数字治理机制体系，通过检察大数据能动运用打开价值创新空间，努力实现由事倍功半、人海战术转向事半功倍、蓝海赋能，由人工驱动到数据驱动的跃变。[②] 在加强运用法治思维和法治方式强化法律监督工作时，应顺应时代发展，紧跟时代步伐，为法律监督添上“数字化”的色彩，以大数据法律监督促进解决法治领域深层次问题，实现法律监督跨越式的发展，助推提升国家治理效能。

二、大数据与检察法律监督的理论分析

（一）背景分析：数字革命下驱动的顺势而为

大数据具有无限性和锁定性的特征。[③] 信息社会中，数据是至关重要的治理资源。在大数据时代，检察法律监督要跟上时代步伐就不可避免地与大数据进行深度融合。数字检察作为一场法律监督的重塑性变革，旨在以数字赋能监督，监督促进治理，由传统的数量驱动向数据赋能转变。检察机关的法律监督不再局限于个案审查、卷宗审查、人工审查，而是正通过大数据赋能，以数据为主导综合运用数据挖掘、智能筛查、数据预判等手段开展穿透式监督、精准式监督，[④]最大限度地激发大数据对法律监督的叠加、倍增作用，赋予检察机关依法能动履职全新的方式和手段。

（二）优势分析：从粗放型的人力驱动向集约型的数据驱动的转变

在大数据、人工智能、物联网、区块链等先进技术的加持下，数字检察的优势逐渐呈现，克服了人工分析的缺点，以强大的优势赋能法律监督的发展。

首先，打破了时空壁垒，不受时间、地域的限制。在脱离时空约束的情况下，检察办

---

① 参见上海市金山区人民检察院课题组：《大数据运用与检察工作创新》，载谢鹏程主编：《中国检察》（第 28 卷），中国检察出版社 2019 年版，第 134 页。

② 参见张晓东：《数字检察赋能监督促进治理》，载《检察日报》2022 年 7 月 21 日，第 3 版。

③ 参见王祺国：《数字赋能检察侦查的进路》，载《人民检察》2022 年第 13 期。

④ 参见胡勇、王文亮、程和祥：《大数据视野下行政检察监督案例探析》，载《中国检察官》2022 年第 12 期。

案不再是依赖于办案人员的工作时间和效率,而是由模型计算机算法等通过运用先进技术,实现数据随时随地的即时分析研判,只要有数据池以及设定相应的研判规则,则可以不受时空限制开展法律监督的线索研判分析。

其次,提升工作效率和精准度。传统情况下需要检察人员对大量数据进行人工筛查、耗时耗力且容易出错,而数字检察的优势在于对数据的研判分析可形成规模化、智能化筛选,而且数据的几何级增长并不会带来人员精力的几何级投入,对于模型运算而言只是时间的略微增加,同时对于研判结果的准确性,只要设定的算法科学合理,模型运算能保持100%精准,不存在同一问题出现不同推送结果,有效克服了人工筛查存在的因人而异、因时而异的"结果差"问题。

最后,能有效打破信息孤岛,实现有效信息的相互碰撞,从而发现人工难以发现的法律监督问题线索。从横向而言,打通了检察机关与法院、公安机关、行政机关之间的信息壁垒,实现跨部门、跨系统平台协作,突出不同程序及不同办案阶段之间的协同性与耦合性。从纵向而言,能够实现不同地区、上下级检察机关之间的信息互通,实现法律监督线索移送、远程协作、监督点共享等难题。

(三)导向分析:落实法律监督理念需要借力大数据

"在办案中监督、在监督中办案",既是一种工作方法,也是一种价值取向。数字检察领域的关联思维及其能动运用,不仅把"四大检察"一体贯通、"四级检察"有序连接,也为深化办案与监督融合发展开辟了广阔空间。① 如何实现刑事、民事、行政、公益诉讼"四大检察"全面协调充分发展,把宪法法律赋予的法律监督职能做优、做强、做实、做好。在法律监督领域中,事实认定、证据采信、罪与非罪的区分、量刑平衡以及案件效果等复杂的思维处理和判断过程,如何引入算法体系与模式,实现技术理性与现实法律监督实务工作的无缝衔接,是数字检察业务发展的关键环节。② 从刑事的强化侦查监督与协作配合到民事行政精准监督、"穿透式"监督,再到落实"双赢多赢共赢"的公益诉讼监督,这些监督理念乃法律监督之"道",而大数据的引入,则是为法律监督引入更为先进、科学之"术",起到事半功倍的作用,也能灵活适应"四大检察"的不同监督需要。

(四)需求分析:法律监督工作的特征与大数据运用存在契合点

检察机关法律监督是党和国家监督体系的重要组成部分。作为国家的法律监督机关,对公权力的监督是检察职能的本质特性。③ 法律监督具有监督性、法定性、程序性、事后性、协同性、兜底性、有限性等特点,"四大检察"根据各自开展法律监督的特点,呈现出一定的共性问题,如开展法律监督工作经常面临监督面广、专业化强与人员精力不足的

① 参见张晓东:《数字检察赋能监督促进治理》,载《检察日报》2022年7月21日,第3版。

② 参见褚尔康、彭瑞峰:《数字检察:技术范式体系与业务体系深度融合》,载《检察日报》2022年10月22日,第3版。

③ 参见胡卫列:《国家治理视野下的公益诉讼检察制度》,载《国家检察官学院学报》2020年第2期。

矛盾。

"四大检察"因法律监督工作角度和侧重点不一,监督难点也略有不同。体现最为明显的是针对涉及面广、案件数量大的行政执法领域开展监督,传统工作模式下人工分析数据耗时耗力且容易出错,法律监督效果不佳。在刑事检察监督中,存在对涉嫌犯罪被降格、拆分作行政处罚等"以罚代刑"等问题;在行政检察监督中,存在行政行为的程序是否合法,职权交叉领域是否存在相互推诿,是否存在"以罚代管"等问题;在民事检察监督中,存在利用规则漏洞铤而走险,攫取非法利益等问题;在公益诉讼检察监督中,存在公益损害类型多、范围广、专业性强等问题。"四大检察"的履职过程中已在不同程度上存在发现难、移送难、调查难、监督难。基于法律监督工作的特点,监督线索发现难、监督工作碎片化、监督表层化、监督成效不理想等突出问题,迫切要求大数据助力,增强监督的主动性、精准性和有效性。

三、运用大数据实现法律监督高质量发展的难点分析

(一)理念认识不足:缺乏大数据战略前瞻性

不少检察机关对数字检察工作仍抱有疑虑,认为开展数字化工作需花费大量人力、物力和资金,可能存在投入大、产出少,不重视也不愿意学习接触,仍停留在传统的法律监督理念中,未及时转变理念,战略意识不足。对采集数据存在畏难情绪,认为要采集对方的数据同时还要进行监督,难以得到采集对象的配合。因缺乏采集数据、管理数据的技巧和方法,主观认识不到位,数据工作难以打开工作局面、始终停滞不前。

(二)方式方法不足:缺乏高效的法律监督线索筛查机制

采集数据是基础,但如何高效运用数据,决定着数据的产出效能。数据的运用依赖于建立数据模型进行分析,但数据模型如何建立,以什么为方向,如何确立研判规则,推送线索是否精准,能否做到智能分级推送,如何进行数据校正,则是在实践中困扰了不少检察机关。研判数据的方式方法是否科学、合理,影响着运用大数据推送法律监督线索的成效。

(三)体系化建设不足:缺乏完善的数据使用管理体系

大数据运用是一项综合性工作,需考虑到数据的储存、使用、管理等,体系化建设决定了大数据运用的保障。但目前如何使用管理海量的数据、如何从海量的数据中筛选出有价值的数据、如何保证数据安全,如何构建起团队保证各项工作职责明确、全员协作高效完成,还没有形成统一的认识,也缺乏系统的研究。其中,避免出现数据泄露是当前开展数字检察工作中首要解决的问题,这是被采集数据方对数据采集存在的最大担忧和顾虑,影响数据采集的效率,也可能为数据管理方带来被追责的风险。

四、运用大数据实现法律监督高质量发展的路径

(一)树立大数据战略思维,处理好积极与稳妥的辩证统一关系

1. 以能动履职的“积极”姿态,跟上信息化大势

积极,是适应新形势、新任务、促进检察工作高质量发展的需要,是检察职能的客观要求,也是能动履职的具体体现。要全面提升法律监督的质量和效果,就要解决履职姿态上消极被动。检察大数据思维的核心,是由传统的“数量驱动、个案为主、案卷审查”个案办理式监督,向“质效导向、类案为主、数据赋能”的类案治理式监督转变。① 全国数字检察工作会议上所展示的法律监督模型,已充分凸显出数据的力量。既然检察事业的发展已经与数字化不可分割,作为新时代的检察机关,更应及时更新理念,及时跟上时代的步伐,提升法律监督的质效。

数据贯通是基础,数据共享是数字检察办案的基石,数字化改革的前提是数据的归集。监督“开源”,离不开大数据引流。以服务地方经济发展大局为出发点、落脚点,开展数据采集工作,重点采集行政机关的行政执法监管系统的信息数据、网格化管理数据以及互联网舆情数据,构建起检察监督大数据中心。目前各地已有通过会签文件的形式确立大数据信息共享机制,更有将数据采集纳入法治政府考核的做法,为数据采集提供刚性保障。

2. 以理性规范的“稳妥”举措,夯实数据保障

稳妥,是要遵循司法规律,在具体工作中要坚持理性、平和、谦抑的原则,更重视程序性和规范性的要求。在运用大数据提升法律监督质效的过程中,必须做到三个明确:

一是明确数据使用的目的。大数据的使用必须以办案为中心,以法律监督为落脚点,严格遵守国家秘密、商业秘密和个人信息保护的有关规定。公权力具有天然的扩张性,一旦对权力缺乏制约,则容易陷入权力滥用的泥潭中。应针对法律监督的不同特点,明确数据运用的路径,落实管理人员的责任制度,避免数据被随意滥用,严禁公器私用。

二是明确数据采集的理念。采集数据的核心是要共赢而不是你输我赢。通过检察机关运用大数据开展法律监督,提前解决“事”,避免了“人”的违法违规风险,及时堵塞行政监管漏洞,减少行政机关的履职风险。双赢多赢共赢理念,与检察监督程序性的特点以及法律监督的运行规律密切相关,强调应当与监督事项关联的各主体共同发挥作用。

三是明确完善规范体系。强化数据安全、包括数据的保存、传输、公开、使用等,在硬件、软件、人员管理等各方面,均应设置相应制度予以规范,避免出现数据泄露、丢失。在实践中可通过明确专职数据管理员,设置数据访问权限,引入区块链等技术实现数据的可用而不可见、数据使用全程留痕跟踪等方式,确保数据使用的安全规范。

---

① 参见赵美娜:《大数据赋能刑事监督立案线索发现的实践路径》,载《中国检察官》2022 年第 12 期。

(二)明确数据模型方向,优化法律监督线索筛查机制

在实现数据采集,建立起检察监督大数据中心保证数据源的前提下,通过研发个性化的数据模型,使数据通过模型进行碰撞,高效筛查出法律监督案件线索,实现线索管理、线索分级评估、线索自动推送、线索研判等功能。研发数据模型主要围绕以下方向和方式进行:

1. 以行政监管盲区为方向建模,挖掘深层监督线索

运用模型智能研判各行政部门的行政执法监督监管等核心数据,克服部门间数据壁垒,敏锐发现数据背后的深层次监管漏洞,并通过检察建议促成长效性监管机制完善。以下以安全生产从业限制模型为例:

(1)研发背景。2021 年全国因安全生产事故死亡 2.55 万人,平均每天 70 人。在安全生产专项监督中,检察机关发现不少企业因安全生产问题屡次被罚,企业负责人尽管被追究刑事责任后,仍担任企业法定代表人继续从事相关业务,惩戒不足极易再次引发安全事故。

(2)研发思路。从业限制的数据主要为刑事处罚、行政处罚数据和行政许可数据之间的碰撞,但这些数据分散在应急管理、行政审批、市场监督等多部门之间,存在明显的部门数据壁垒,监管盲区极具隐蔽性,一般监督难以发现,有必要通过数据碰撞实现线索筛查的智能化、规模化。

(3)研判规则。通过"检察机关统一业务应用系统",获取涉安全生产事故刑事判决书,提取被告人姓名、身份证号、刑期等数据,再通过市场监管部门的"市场监管信息平台"提取企业名称、法定代表人姓名、身份证号,两者进行碰撞,如果所发生事故为重大、特别重大事故或自刑罚执行完毕之日起 5 年内,仍担任企业法定代表人的,则作为线索推送出来。又或者通过"市场监管信息平台",获取企业名称、法定代表人姓名、身份证号,再通过应急管理部门的行政处罚决定书,提取被处罚人姓名、处罚种类、处罚日期,两个行政部门之间的数据进行碰撞。如果在 180 日内 3 次或 1 年内 4 次被行政处罚;自行政处罚、停产停业整顿 5 年内,仍担任法定代表人的,则作为线索推送。

(4)模型效果。通过模型的运用,能够打通应急管理、市场监管、行政审批等多部门之间的数据壁垒,畅通了行政监管与刑事裁判的衔接,实现发现平时难以发现的深层次监督问题,实现办案质效的提升。

2. 以基层履职瓶颈为方向建模,挖掘融合监督线索

以大数据法律监督实现"四大检察"全面协调充分发展,法律监督跨条线、跨部门融合、推进数据互联、实现对外协同。① 瞄准高质量监督线索发现难、一体化履职受限等问题,建立数据模型自动分级精准推送"四大检察"监督线索。以下以环保危废模型为例:

① 参见翁跃强、文晓晴、姜琪、温一浩:《大数据赋能法律监督的价值与应用》,载《人民检察》2022 年第 11 期。

(1)研发背景。企业因生产产生危险废物,需要按照国家规定申报、填写转移联单,委托有资质的企业进行处置,但为了省钱,企业非法处置危废屡见不鲜。传统手段监督,只能“先发现损害结果、再反向调查”,存在明显监管缺位、滞后。

(2)研发思路。法律对于危险废物处置有不同的规定,根据危险废物的处置方式、涉案重量、处置去向等,可能涉及刑事责任、行政责任和民事责任。因此,可通过研发环评监督模型,分情形推送行政、民事、刑事三类监督线索。

(3)研判规则。模型分情形推送行政、民事、刑事三类线索。通过行政审批部门官网,提取环评报告的危废名称、产生数量,环评日期等数据,再通过生态环境部门的“危险废物动态管理系统”提取危废转移联单数据,两个行政部门之间的数据进行碰撞。如果企业存储危废超过1年未处置,行政机关未予以监管的,则作为行政公益诉讼线索推送;若超过3年没有转移联单的,或环评中的危废数量与转移联单的危废数量误差超过50%的,则作为民事公益诉讼线索推送;若没有转移联单非法处置危废超过3吨,达到刑事立案标准的,则作为刑事检察监督线索推送。

(4)模型效果。该模型以大数据分析精准区分非法处置危废的量级,发现极具隐蔽性的污染环境线索,从行政、民事、刑事进行多维监督,实现四大检察融合发展,刑民行公同步监督。

3. 以社会治理堵点为方向建模,挖掘类案监督线索

由个案办理走向类案监督,以智能化技术归纳总结类案监督的主攻方向,通过知识图谱的方式构建算法模型及编制代码,利用业务场景的具象化选择实现智能化分析线索成案性等,真正实现案件办理的智能化、高效化。① 以社会治理难点堵点为数据模型研发方向,通过建立类案数据模型智慧研判,实现同领域问题的全方位摸排、高效能治理。以下以国土出让金模型为例:

(1)研发背景。国有土地出让制度明确了有偿出让的原则。对于国有土地出让,应依法缴纳国有土地使用权出让金。但实践中,欠缴国有土地出让金,违规发放土地使用权证的现象普遍存在,损害国家利益。

(2)研发思路。判断国有土地使用权出让金是否缴纳到位,主要涉及国土出让合同数据和税务缴费数据,同时结合缴纳的时间等因素判断滞纳金的收取情况。因费用缴纳同时还涉及合同变更等因素影响,因此需注意数据校正。

(3)研判规则。按照监督重点可以予以细分。第一,重点线索:约定缴费金额 > 实际缴费金额,且约定缴费日期小于或等于实际缴费日期,提示未足额缴纳国有土地出让金,作为重点线索推出。第二,次重点线索:约定缴费金额 = 实际缴费金额,且约定缴纳日期 < 实际缴纳日期,提示未及时缴纳国有土地出让金,极大可能存在违约金但未支付的情

① 参见丁霞敏:《数字检察赋能法律监督工作高质量发展》,载《检察日报》2022年7月27日,第3版。

形,作为次重点线索推出。第三,待核查线索:约定缴费金额 < 实际缴费金额,同步抓取违约金计算条款,作为待核查线索一并推送给承办人,人工核查违约金是否已足额缴纳。同时根据补充合同、相关会议纪要,缴纳主体变更、增加、约定时间、约定数额变更等情况进行精准校验。

(4)模型效果。该模型能够实现从个案办理到类案监督的飞跃。区分监督的重点进行分级推送,有效减少了办案人员的精力,解决了法律监督专业性强和办案人员精力不足的矛盾。

(三)完善大数据运用体系化建设

1. 采用“库用分离”技术,提升应用体系建设

在数据采集和研判过程中,需考虑如何构建数据与平台之间的关系。如果数据库与数据应用平台合体建立,使应用平台只能适用于研发区域,无法形成经验复制推广的技术基础,影响平台后期在其他地方广泛应用推广。以“库用分离”方式推进大数据应用,分别建立检察大数据中心及法律监督智能研判平台,构建数据层和应用层的松耦合架构,可为实现系统的可复制、可推广奠定基础,也为后续引入区块链等更多先进技术留足发展空间。库用分离的设置,意味着只要其他检察机关采集自身辖区数据,形成自己的数据中心的“库”,则可以直接对接法律监督智能研判平台这个“用”,自动分析研判并推送出法律监督线索,无须再耗时耗力另行研发平台。

2. 引入“区块链”技术,加快安全体系建设

数字检察的着眼点是数字赋能,底线是数字安全,尤其需要防范化解数据被篡改、盗用、滥用的风险。区块链技术具有去中心化、高度透明、不可篡改、安全可靠等优势,是数字检察智能化的基点。① 将区块链技术应用到检察法律监督中,实施区块链标准规范及专利编制、区块链基础设施建设、赋能检察法律监督案件办理和助力指挥决策机制建设,针对数据采集、线索挖掘、调查存证、指挥调度四个方面推进“区块链 +”场景落地应用,确保上链的数据具有不可篡改性,并实现全程留痕管理。同时可以经济实用为原则,采用轻量级和更加高效的共识机制,以适应基层院占检察系统绝大多数、业务量和数据量较少、基础设施较弱的实际现状,提高其并发性能、容错能力等技术指标水平,促进区块链技术与法律监督业务应用相互牵引迭代发展,进一步建设法律监督区块链应用标准体系。

3. 采用“业务 + 技术”模式,优化组织体系建设

数字检察工作开展涉及人与技术的本质关系,通过对技术性本质的思考与把握,将法律的技术运行重新回到人本主义的解读与调整范围内,实现数字法律监督层面政治效

---

① 参见金鸿浩:《坚持科学化原则、智能化原则、人性化原则,加强高质量数字检察建设——以新动能推进检察事业新发展》,载《检察日报》2022 年 10 月 8 日,第 3 版。

果、社会效果与法律效果的有机统一。[①] 检察监督智能化首先涉及业务、管理与技术的顶层关系协同。[②] 运用大数据开展法律监督工作,应避免陷入"技术运用只是技术人员的工作"的认识误区。为真正助力办案实战,应破除技术部门唱独角戏的惯性思维,以业务部门主导研发为宗旨,将需求分析摆在首要位置,实行"业务部门+信息技术部门+承建公司"的团队作战模式。同时可积极开展检校合作,引入科研院校的优质资源充实法律监督的技术运用。通过边研发、边培养、边运用方式,立足自身培养一批兼具法律思维、技术思维、数据思维的复合型人才,实现"人才培养、项目研发、实战办案"的良性循环。

① 参见褚尔康、彭瑞峰:《数字检察:技术范式体系与业务体系深度融合》,载《检察日报》2022年10月22日,第3版。

② 参见谢君泽:《检察监督智能化的理论建构》,载《人民检察》2022年第11期。

检察机关案例库智能化建设研究

江苏省人民检察院课题组*

摘要：自2010年最高人民检察院出台《关于案例指导工作的规定》，建立检察案例指导制度至今，检察机关已建立指导性案例、典型案例、公报案例等不同参考层级的案例指导制度。案例指导对统一法律适用、规范检察办案、提高司法效率作用越来越明显。然而，发布的指导案例因没有权威统一和功能强大的服务平台，案例的参考应用率还不尽如人意。对此，有必要对现有案例平台予以智能化改造和完善。案例库全流程"智能化"建设须从案例汇聚、案例检索、案例库应用、案例库管理等路径予以推进。

关键词：案例库　智能化　检索　应用

对具有指导意义的已结案例分类提炼，智能推送，对指导办案、提升办案质效事半功倍。检察机关业务种类繁多、案件纷繁复杂，精准履行法律监督职能，高效办案，尤其需要鲜活案例参考借鉴，以正确理解法条、精准办案、发现案件背后法律监督线索，实现在办案中监督，在监督中办案。当前，检察机关案例库建设因理念更新不到位、技术应用不及时、工作统筹不全面，还存在案例收集汇聚不足、服务与需求衔接不紧、案例指导作用有限等问题，需加以研究解决。

一、案例库智能化建设的提出

中华人民共和国成立以来，检察机关案例指导工作经历了初步探索、恢复发展、建立制度和快速发展四个阶段，案例指导制度不断丰富完善。[①] 2010年7月，最高人民检察院

---

* 课题组成员：胡昀晖，江苏省人民检察院案件管理部主任；李前国，江苏省人民检察院案件管理部副主任；尚可泉，江苏省人民检察院案件管理部检察官助理；张娟，徐州市人民检察院检务督察处处长；梁新宏，苏州工业园区人民检察院第四检察部主任。本文系最高人民检察院2021年度检察理论研究课题"检察案例库智能化建设"（课题编号GJ2021C08）研究成果。

① 参见李文峰：《检察机关案例指导工作回顾与制度构建》，载《人民检察》2020年第7期。

颁布《关于案例指导工作的规定》（以下简称《规定》），第一次以文件形式确立了案例指导工作制度。同年发布了第一批3件指导案例，标志着检察机关案例指导制度正式建立。此后，《规定》两次修订基本定型。2018年10月修订的《人民检察院组织法》明确"最高人民检察院可以发布指导性案例"，标志着检察案例指导制度正式得到立法确认。2018年以来，最高人民检察院新一届党组高度重视案例指导工作，多次就检察案例工作提出要求、作出部署，检察案例指导工作得到快速推进。但由于检察机关案例指导工作起步相对较晚，案例指导[①]工作还存在不足，主要体现在：

一是检察案例数量相对不足。尽管近年来最高人民检察院提高了指导性案例发布的数量和频次，也多批次发布各领域典型案例，但发布的案例涉及的诉争领域和业务类别覆盖面与办案需要差距较大。截至目前，最高人民检察院仅发布了166个指导性案例。指导性案例虽快速"扩容"，但与层出的新型案件指导需求和检察机关办案数量增长相比，指导案例数量明显不够。有的学者专门指出："只有量化的规模才可能制度性地发挥影响，因为数量决定了其影响的广度和深度。"[②]

二是检察案例平台尚不健全。由于现实的复杂性，单个案例示范和参考意义有限。有针对性收集和整理优秀案例，建立门类齐全、查询便捷的案例库，是发挥案例指导作用的重要前提。最高人民检察院虽依托"检答网"推出"案例库"服务平台，其中汇集了指导性案例、典型案例、新型案例等，并持续更新，但需要进一步推动完善案例收集功能、优化检索、实现新型案例互动、拓展域外案例等功能。

三是检察案例上下流动不畅。只有具备首发性、争议性等的案件，才有培育成指导性案例的价值。指导性案例需经省级院、高检院层层筛选后，由最高人民检察院发布。具有偶然性、研制发布周期较长等特点。其严格的程序，虽保证了指导性案例的高质量，但也降低了时效性。且因指导性案例培育的复杂性、系统性、专业性，需投入大量精力，而基层办案人员因办案任务重无暇投入精力而对培育指导案例积极性不高，导致大量具有参考借鉴意义的新型案例流失，指导性案例自下而上流动困难，急需构建快速流通平台。

四是司法规则补充作用不彰。虽检察指导案例为基层办案遇到的疑难问题提供了有益借鉴，但总体而言，目前检察案例对法律规则的补充还不足。指导案例应当在事实认定、证据采信、法律适用或政策把握等方面，提供可借鉴裁判规则。但有学者研究了前3批共计11个检察指导性案例后认为，约一半指导性案例在重申刑事政策和公共议题，

① 应当说明，本文所称的"检察指导案例"或"指导案例"，不同于作为一种案件类别的、由最高人民检察院公开发布的"指导性案例"的含义，而是指经过相对权威的部门提炼总结后对案件的事实认定、证据采信、法律适用、政策把握等具有参考价值的案件。

② 林维：《刑事案例指导制度：价值、困境与完善》，载《中外法学》2013年第3期。

另外一半指导性案例与司法解释几乎完全重复，与"指导性案例"这一称谓有一定距离。①

五是应用传播及影响尚不充分。一方面，指导性案例将案件办理的专家知识通过浓缩精炼后，传递到基层，基层主要通过集中学习讨论来理解案例中隐含的专家知识。当前没有权威统一的案例互动平台，精准借鉴移植指导性案例成功经验，还存在理解不全面、借鉴不准确等问题。另一方面，目前所建的检察案例库仅在机关内部使用，指导案例对外发布后，难以在社会上产生长期广泛影响，检察案例规则补充的社会传播和辐射作用不明显。

二、案例汇聚智能化的初步设想

案例汇聚应海纳百川。一方面要依托信息化打破部门壁垒，尽可能将最高人民检察院、最高人民法院等发布的指导性案例、公告案例、典型案例、审判参考案例等规范案例及时收集纳入案例库中，建造真正的动态案例库；另一方面要对新增案例实时线上流通征集，建设内部在线案例征集审议系统，实现指导案例征集、遴选、立项、审核、发布以及清理等环节网上办理。

（一）自上而下的指导案例扩充

法院、检察院同为司法机关，虽定位和作用不同，但法律适用上具有同源性，所办案件均为统一规则下基于证据采信、事实认定、法律适用等方面的论理裁判，所提炼的指导案例具有借鉴的共通性。比如，最高人民法院刑事审判庭主编的《刑事审判参考》所列案例，因立足实践、突出实用、重在指导，具有较强的针对性和权威性，扩充到检察案例库中具有较高点击率。推动案例的横向流动，"两高"应尽快形成案例互享会商工作机制，进一步统一案例编制标准、案例结构体例、案例归类标准以及技术对接标准，搭建常态化沟通运行机制，实现发布案例常态化互联互通、共享共用。同时推动下级法检机关建立同级发布案例共享机制，不断提升发布案例的权威性和指导价值，实现案例汇聚的高效权威。同时，借助信息技术，通过与有关案例来源单位合作，将国家机关、学术机构和重要商业组织业已形成的指导案例，进行系统收集整理，充实检察案例库的基础数据源，推动检察案例库迭代升级，扩大数据容量和案例权威。

（二）自下而上的案例素材征集

进一步优化提升检察机关内部案例培养体系，丰富指导案例基础来源、增强案例的流动时效、缩短案例发布周期。指导性案例应严格按照《规定》中的程序执行，其他指导案例，应依托案例库平台信息手段，更加突出时效性，建立高效便捷的自下而上线上报送审议系统。依托平台构建线上案例征集审议系统，可以借鉴科研期刊的在线投稿审稿系统。以目前国际上使用最广泛的网络投稿与审稿系统之一，也是使用最多的论

---

① 参见周光权：《检察案例指导制度：透视与建议》，载《人民检察》2013 年第 16 期。

文投稿系统——Editorial Manager(EM)系统为例,该系统尽可能在评审过程中简化作者、编辑和评审之间的沟通,实现作者、主任编辑、责任编辑各负其责高效便捷的审稿修改。指导性案例的编制流程与其具有极高的匹配度。案例在线投稿审核系统可借鉴EM系统程序流程编制符合案件收集审核工作流程,推动建设在线案例征集审议系统。

三、基于人工智能的案例检索系统

(一)提升案例检索效率的重要性

案例以文本数据的形式呈现,在编制案例时应结合案例检索需求开展针对性提炼,确保案例特点突出、检索便捷,提升案例查询借鉴频次。当前,案例库中海量案例因检索特性不突出,许多案例被参考借鉴频次不高。以最高人民法院指导性案例应用来看,截至2019年12月31日,虽发布了24批139例指导性案例,但被应用于司法实践的指导性案例仅有91例,48例尚未被应用。检察机关案例库中,基于关键字、案件要素等搜索指导性案例,直观显示的是案例【要旨】,部分案例【要旨】文字过多,特点不突出,需要查询人花费大量时间逐一阅读,甄别检索结果。导致一方面,精心编制的海量案例沉睡;另一方面办案遇到规定不明需要搜索案例予以借鉴参考时,却难以检索到对应案例。上述矛盾暴露出来的问题,很大程度上是由于案例编制检索特性不突出、案例库检索的智能化程度不高。因此,目前案例检索在效率和准确率上都存在巨大的提升空间。

(二)传统检索方案存在不足

传统检索算法在搜索时,其返回结果的准确性往往与使用者输入内容的质量强相关。这就要求使用者对于待检索的内容有较好的认知,否则很难保证检索结果的命中率。例如,使用多级标签的方式分层搜索时,一旦使用者在某一级标签点选错误,就将进入错误的分支。使用者在未检索到想要的结果后,无法判断是检索失误还是数据库自身不包含目标内容。尤其是当多级别签为一级、二级等弱指向性文本时,检索将更加困难。当然,使用模糊搜索等方式能够在降低对使用者认知要求的前提下,提高检索的命中率,但同时也会导致返回的结果较多,需要使用者花费长时间甄别。

(三)提升检索效率的实现路径

1. 基于现有人工智能算法构建的数据库搜索方案。当前案例库查询搜索,无论模糊搜索还是精准搜索,均只能通过输入关键字或勾选预先设置的分类,搜索后匹配具体案例予以推送。平台亟须提供对在手案件案情进行识别和智能提炼,然后再自动比对,推送参考案例的检索方式。该方案便是基于人工智能技术,提出解决案例数据库与在手案件搜索匹配的解决方案。具体而言,包括两个关键步骤,分别是文本摘要生成和文本内容匹配。设计方案和思路如图1所示:

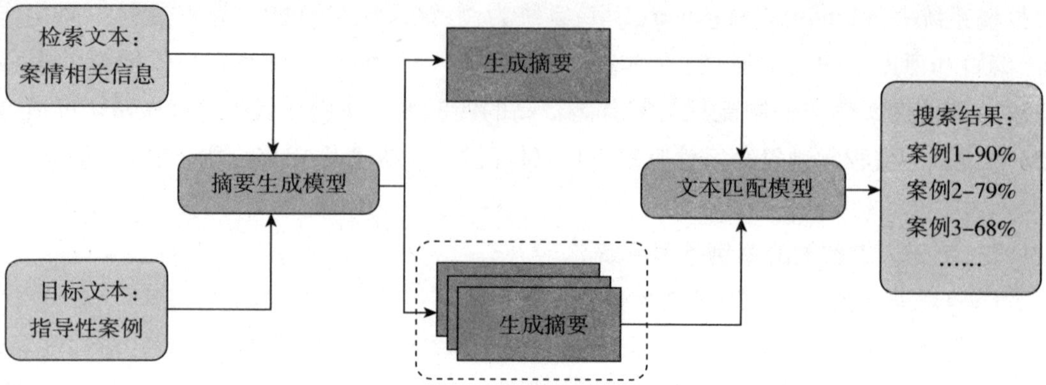

图 1　检索方案设计

2. 案例检索的技术实现。在技术实现层面，案件检索的构建包括如下关键环节：

构建以案例数据为基础的数据集。案例检索系统的效果，依赖于人工智能算法的性能表现，而人工智能算法的性能表现一方面依赖于算法模型本身，另一方面更关键的是文本数据。文本数据的数量、质量以及处理方式，都对最终的模型表现起到关键作用。因此，构建案例检索系统首先需要解决数据的问题。

对于文本摘要生成任务，其作为自然语言处理的传统任务，在研究中积累相当数量的数据集，中文数据集包括哈工大的新浪微博短文本摘要、教育培训行业抽象式自动摘要中文语料库等。

扩充数据集的方式。如果仅以指导性案例为基础来构建数据集，数据样本的数量远远不够。实际上，检察机关在工作中积累的案例相关文本数据是十分庞大的，大多数案例资料经过简单整理后，都可以用于构建数据样本。同时，利用中国知网等中文学术论文的摘要和引言部分生成训练数据，通过在学术论文数据上预训练（pre - training），案例数据上微调（fine - tuning）的方式，能够大大减少对于案例数据的需求，从而加快模型落地的进程。此外，由于案例的体例一般包括标题、关键词、要旨、基本案情、检察机关履职过程、指导意义和相关规定等多个部分，可以考虑针对每个部分来构建数据样本，在初始阶段着重解决基本案情部分的摘要生成算法。

文本摘要算法构建。在当前人工智能算法的基础上，实现面向检察机关案例的文本摘要算法具有较好理论基础。文本自动摘要按照输出类型可分为抽取式摘要和生成式摘要。抽取式是从原文中选取关键词、关键句组成摘要。这种方法天然地在语法、句法上错误率低，保证了一定的效果。抽取式摘要在语法、句法上有一定的保证，但是也面临一定的问题，如内容选择错误、连贯性差、灵活性差等。生成式摘要允许摘要中包含新的词语或短语，灵活性高，随着近几年神经网络模型的发展，序列到序列模型被广泛用于生成式摘要任务，并取得一定的成果。此外，抽取式、生成式摘要各有优点，为了结合两者的优点，一些方法也同时使用抽取结合生成的方法来完成摘要任务。

文本匹配算法构建。在文本匹配算法构建上，单纯的文本相似度计算非常简单，只需要统计一对文本中相同或相似的字符（或词）数量。然而，这种方法过于机械，往往无法得到满意的结果。在文本匹配算法中，本文认为应该更倾向于语义层面的相似度计算。顾名思义，语义相似度，主要是为了衡量两个文本间表达内容的相似度。在文本摘要算法生成的摘要基础上，如 Bert、Word2vector 以及 Elmo 等算法均可以用于实现相似度的计算。

由于在文本摘要算法中，可以对不同案例体例中的不同部分，包括标题、关键词、要旨、基本案情、检察机关履职过程、指导意义和相关规定等，进行文本压缩。因此，在文本匹配算法中，可以相应地以上述多个部分作为特征进行匹配算法的学习和应用。

四、案例库智能化应用场景

（一）与检察业务应用系统等嵌入融合

嵌入检察业务应用系统，实现对在办案件智能匹配相关参考案例予以推送，发挥案例的指导作用。

1. 案件办理辅助。自动触发上文中的案例库案例检索功能，从案例库中自动匹配输出与所办案件事实相似的指导性案例，供承办人参考。

2. 文书说理辅助。在承办人撰写文书过程中提供相关参考，帮助说理及写作。根据写作内容匹配案例库中的相似段落，反馈给办案人员当作参考。可分为关键词检索模块和文书内容智能推荐模块，其中关键词检索模块根据用户输入的多个关键词进行全文检索，文书内容智能推荐模块根据用户输入的文书内容进行相似度计算，从而实现相似段落内容推荐。

3. 法律监督辅助。自动触发上文中案例库案例检索功能，从案例库中自动匹配输出监督点与疑点、重点问题相似的指导性案例，供检察官参考。

（二）智能案件咨询服务——与主流软件互联互通

案例库应用中，积累的案例数据、优质问答数据以及数据化的办案经验等，为大数据和人工智能算法的应用提供了宝贵的数据资源。通过学习数据中专业人士研判，处理，定性案件的相关知识，算法能够给出更加智能的案件反馈，从而应用于案件咨询任务。在实现上，智能案件咨询服务与案例检索具有一定的相似性。两者的主要区别在于，前者更多面向普通大众而不是专业人士，算法返回的结果不是专业的案例，而是对使用者问题的直接回答。其可与市面上主流软件结合，实现智能案件咨询服务，满足普通大众对于法律咨询需求，弥补专业人士稀缺无法及时回复咨询，同时又可以降低咨询成本，达到较好效果。

（三）基于智能推荐算法的案件协作与内容推送——针对多终端互联互通

1. 根据在案例库中用户的行为，进行社交推荐。通过 Louvain 算法，将查询过某些指导性案例的承办人，即有相似办案需求、办案经验的用户聚集起来，形成合作交流小组，在某些具体问题研讨中协作，互动，交流。类似社交软件中的好友推荐，感兴趣的话题推荐等。

2. 开发案例库资料 App。根据用户搜索、点击不同类型的案例，参考今日头条的推荐算法原理，类似于今日头条的新闻推荐等，定期不定期为用户推荐感兴趣的案例内容。

五、案例库智能化管理——共享协作社群设想

通过建立案例共享协作社群，打通专家知识的流动渠道，能够更好发挥检察案例指导制度的作用。本部分将从内容组织与交流机制、协作机制、管理和激励机制等三个方面，提出案例共享协作社群的建设构想。

（一）内容组织与交流机制

1. 采用词条与问答相结合表现形式。建立高效的内容组织与交流机制，是打通知识流动渠道的关键环节。在内容组织与交流机制上，不同的网络社群基于其自身特点采用了不同的方式。全球网络最大且最受大众欢迎的维基百科，是以词条或知识条目为基础对内容进行组织的。国内最大的中文问答社区“知乎”，主要通过问题的形式进行组织。这种一人提问多人参与回答的形式为用户在互联网上查找和分享信息与知识提供了一种途径。结合检察案例库特点和打通知识流动渠道目的，参考上述成功经验，案例共享协作社群在内容组织和交流机制上可借鉴“知乎”词条与问答相结合的表现方式。

2. 社区内容的具体构建

以指导性案例作为词条构建第一层社区内容。针对每个指导性案例设置问答区，允许用户将拟引用该指导性案例的实际案例作为问题提出，并邀请同样关注该指导性案例的用户和专家帮助甄别、提出建议。对于无法参考现有指导性案例的实际案例，则将该案例标记作为备选案例。

以法律条文作为词条构建第二层社区内容。类似于第一层社区内容，在法律条文对应的问答区，允许用户将拟引用该条文的实际案例作为问题提出，并邀请相关用户和专家帮助甄别、提出建议。此外，对于该层社区中的问题，在回答中自动邀请参与回答的用户对该实际案例是否能够参考已有指导性案例作出判断。同样地，若无法参考现有指导性案例，则将该案例标记作为备选案例。

将从第一层和第二层社区内容中标记筛选出的备选案例作为第三层社区内容。鼓励该备选案例的提出者更新案情进展，引导其他用户从要旨、基本案情、检察机关履职过程、指导意义和相关规定等部分对该案例进行讨论。邀请相关专家对案例的特殊性和典型性进行讨论交流，发表观点。

（二）通过协作机制提升指导案例编制效率和数量

当前指导性案例数量较少，短期内很难覆盖各类法律适用问题，而案例库通过标记

筛选实现从第一层和第二层社区中挖掘备选案例，势必会导致大量备选案例出现，当这些案例作为备选案例出现在第三层社区中时，如何使用这部分备选案例来弥补指导性案例数量不足就变得尤为重要。第三层社区中的备选案例实际为指导性案例的征集提供了路径，且具有很强的现实需求。然而，备选案例上升为指导性案例仍需要做大量工作。

对于参与备选案例讨论交流的用户的观点具有可取部分，通过案例库平台构建聚合用户的群体智慧，为专家和上级检察机关从事指导性案例研制提供帮助尤为重要。对于指导性案例而言，其体例一般包括：标题、关键词、要旨、基本案情、检察机关履职过程、指导意义和相关规定等部分。在针对备选案例的讨论交流过程中，用户的发言内容可能具有碎片化的特点，但是仍然与上述体例中的部分有所关联。因此，在备选案件讨论区中，除了正常的问答功能外，可以额外设置案例总结区。在案例总结区中，鼓励参与者将讨论区的内容进行总结后，按照体例的形式来编写备选案例的内容，如要旨的编写。当无人对备选案例要旨进行编写时，可通过邀请和提高奖励的方式来鼓励用户进行编写。对于已编写的要旨，后续参与者可通过打分、修改、新增等三种方式来参与。经过一段时间的迭代，在足够数量用户参与的情况下，形成的备选案例体例将在内容和质量上都具有较高的水平。然后，将满足条件（例如，参与人数多，内容完整度高）的备选案例推送给更高级的管理员（例如，权威专家）进行下一步的审核研究，进一步实现知识在上层和下层之间的循环，而不仅仅是单向流动。

（三）管理和激励机制

通过管理和激励，引导案例查询和讨论，提升案例库的影响力尤为重要。

1. 参考维基百科设置用户权限提升管理质效。对于社群中的用户实行多层级权限分配机制。在案例共享协作社群中，可将用户分为三类，分别是匿名用户，检察机关案件承办人，以及管理员，并分别赋予不同的社区权限。匿名用户仅允许查看社区内容，不允许提问，回答问题以及编辑备选案例体例；检察机关案件承办人允许查看内容、提问、回答问题并编辑备选案例体例，此外还可以对社区内的不当言论进行举报和暂时性删除（举报成功后彻底删除）；管理员从实名注册用户和检察机关办案人员中进行选拔，主要依据其对社群的贡献，如编写回答和体例的数量与质量等。管理员除了具备检察机关办案人员相同的权限外，可以对用户举报进行核查，对备选案例的体例进行审核和推荐。同时，在用户之上设立专门的社群管理机构，对社群内的管理员进行管理，选拔管理员，接受管理员的案例推荐，调整管理员的权限，并对有贡献的管理员进行奖励。

2. 从用户需求和权限等方面开展激励。在问答部分，一方面，保障提问者的问题能够得到即时、高质量的回复；另一方面，保障答题者能够获得分享知识的正反馈，如其他参与者的肯定和点赞等。对编辑备选案例内容获得录用的用户，应给予相应的荣誉，如专业认定等。基于贡献内容，在社区内计算用户的贡献排名，进行周度、月度、季度和年度的荣誉奖励和权限奖励等。通过以上激励，保证优质用户在社区中能够通过贡献不断获得正反馈。

试论检察建议制度的完善

罗海妹　邱　楠　张　涛*

摘要：检察建议制度是社会主义法治建设的重要组成部分与检察监督的重要制度设计。检察建议在开启我国全面建设社会主义法治化、检察工作法治化的新征程中发挥着重要作用。检察建议法治化经历了一般监督、综治预防、法律监督、规范引领的历史进程，检察建议制度层面存在问题导致法治化程度不高，操作层面存在问题导致法治化进程缓慢。对此应结合社会转型期背景，从工作制度、操作程序、专业办理、运行保障等方面入手，提出检察建议法治化的有效路径。

关键词：检察建议　法治化　历史　解构　建构

检察建议是人民检察院依法履行法律监督职责，参与社会治理，维护司法公正，促进依法行政，预防和减少违法犯罪，保护公共利益，维护个人和组织合法权益，保障法律统一正确实施的重要方式。检察建议制度是社会主义法治建设的重要组成部分，也是检察机关实行法律监督的重要制度。在《2018—2022 年检察改革工作规划》中，完善检察建议等法律监督方式也被列为健全检察机关法律监督体系的主要任务之一。

检察建议在检察实践中产生并发展成熟，如果从 1931 年中华苏维埃共和国的《工农检察部的组织条例》开始算起，迄今已有 90 年的历史。当前我国已经进入全面建设社会主义现代化国家的新时代，检察建议在全面建设社会主义法治国家的新征程中发挥着重要作用。在此背景下，有必要考察检察建议法治化的历史沿革，解决检察建议法治化的现实困境，建构检察建议法治化的应然路径。

---

* 罗海妹，江苏省南通市通州区人民检察院党组书记、检察长；邱楠，江苏省南通市通州区人民检察院党组成员、第六检察部主任；张涛，江苏省南通市通州区人民检察院第六检察部副主任。

一、推本溯源:检察建议法治化的历史考察

(一)缘起:发挥检察建议一般监督功能

检察机关的一般监督起源于苏联,是指检察机关以国家名义对一切政权机关、经济机关、社会团体、其他组织以及私人行为是否合法实施监督,主要的监督方式是对违法的决议提起抗议。我国检察建议最早可以上溯到土地革命时期,1931 年 11 月中华苏维埃共和国《工农检察部的组织条例》第三章第 6、7、8、9 条规定了各级工农检察机关以有计划的检察方式履行检察职能,并在检察工作中运用检察建议。

此后,1954 年《人民检察院组织法》第 3 条规定了最高人民检察院的一般监督权,第 4 条规定了地方各级人民检察院的各项职能,从而确认检察机关行使一般监督职能以及诉讼监督、侦查监督等具体监督职能。根据该法第 8 条的规定,最高人民检察院发现国务院所属各部门和地方各级国家机关的决议、命令和措施违法时,有权提出抗议。在这两种情况下,都采用"抗议书"的形式。地方各级人民检察院发现本级国家机关的决议、命令和措施违法的时候,有权要求纠正,在这种情况下采用"建议书"形式。① 此外,最高人民检察院对于情节尚不严重的违法行为,也可以采用"建议书"的形式。

(二)嬗变:发挥检察建议综治预防功能

1979 年修订的《人民检察院组织法》取消了检察机关一般监督权的规定,检察机关的一般监督职能不复存在,但是检察机关的法律监督职能仍然存在。在一般监督权取消的背景下,检察建议作为一种行之有效的监督方式并没有随之取消,而是适用于法律监督领域,并且率先在社会治安综合治理领域运用。1981 年,中共中央提出对社会治安实行综合治理的方针,要求采取综合措施防止和减少犯罪的发生,各级检察机关积极开展各种形式的综合治理活动,检察建议便是其中的一项重要措施。1991 年 3 月,最高人民检察院就贯彻中央关于加强社会治安综合治理的决定发出通知,要求充分发挥检察建议的作用,努力扩大办案的社会效果。②

此后,1992 年 10 月,最高人民检察院发布《关于加强贪污贿赂犯罪预防工作的通知》(已失效),明确提出各地检察机关应当"结合办案,提出有针对性的检察建议,帮助发案单位总结经验教训,堵塞漏洞,改善管理,加强防范,特别是要采取措施推动在执法部门和直接掌握人、财、物的岗位,建立有效的防范贪污贿赂等犯罪的约束机制"。1998 年 8 月,中央综治委在《关于成员单位参与综合治理的职责任务的通知》中,强调"分析掌握各个时期、各个行业的职务犯罪、经济犯罪以及其他刑事犯罪特点,提出预防犯罪的建议;

---

① 参见顾楠:《检察建议的历史发展》,厦门大学 2019 年硕士学位论文,第 10-11 页。

② "社会治安综合治理"是 1981 年中共中央提出的治理方针,各级检察机关积极参与,将"惩治犯罪"、"改造罪犯"和"预防犯罪"相结合,主要内容包括协助有关单位建立健全安全保卫制度,堵塞漏洞;对于不批捕、不起诉和免予起诉(非严重犯罪分子)的人员(含青少年),协助有关单位落实帮教措施;进行法制宣传教育;调查研究社会犯罪的原因和预防犯罪的措施等。参见 1983 年《最高人民检察院工作报告》。

推动有关部门建立规章制度,堵塞漏洞,完善防范机制”。

(三)拓展:发挥检察建议法律监督功能

随着时代的发展与进步,检察建议的功能逐渐由诉讼监督之外拓展至诉讼监督之内,被作为法定监督手段的补充得以广泛适用。

1. 检察建议被作为抗诉手段的辅助被使用。2001 年 2 月,最高人民检察院《关于刑事抗诉工作的若干意见》规定“人民法院审判活动违反法定诉讼程序,但是未达到严重程度,不足以影响公正裁判,或者判决书、裁定书存在某些技术性差错,不影响案件实质性结论的,一般不宜提出抗诉。必要时可以以检察建议书等形式,要求人民法院纠正审判活动中的违法情形,或者建议人民法院更正法律文书中的差错。”2001 年 10 月,最高人民检察院《人民检察院民事行政抗诉案件办案规则》(已失效)第 47 条规定了人民检察院可以向人民法院提出检察建议的情形,第 48 条规定了人民检察院可以向有关单位提出检察建议的情形。

2. 实践中一些地方的检察机关以检察建议替代抗诉、纠正违法通知书等法定的监督手段。以相对柔性的检察建议代替纠正违法通知难免会使人产生“只讲配合不讲监督”“不敢监督不愿监督”的印象,但是法定监督手段在“强化”同时可能面临“僵化”的困境。实践中,对于一些并不规范但是尚未达到违法程度的侦查活动是否有必要运用纠正违法通知不无疑问,此时运用检察建议也有合理性。①

(四)完善:发挥检察建议规范引领功能

需要注意的是,检察建议虽然在实践中存在并且在 20 世纪 90 年代获得最高人民检察院规范性文件的确认,但是相关法律并未对检察建议作出明确规定。其间,2009 年 11 月最高人民检察院印发了《人民检察院检察建议工作规定(试行)》。但是直到 2018 年修改《人民检察院组织法》,检察建议才最终具有法律依据。2018 年《人民检察院组织法》第 21 条第 1 款规定,“人民检察院行使本法第二十条规定的法律监督职权,可以进行调查核实,并依法提出抗诉、纠正意见、检察建议。有关单位应当予以配合,并及时将采纳纠正意见、检察建议的情况书面回复人民检察院”。由此可见,检察建议成为人民检察院履行法律监督职能的法定手段;全面提高检察建议的效力,有关单位应当配合;有关单位需及时书面回复检察建议的采纳情况。在此基础上,2019 年 2 月,最高人民检察院印发了《人民检察院检察建议工作规定》,由此检察建议的规范化程度日益提升,在司法办案尤其是社会治理中的引领作用日益凸显。

二、困境解构:社会转型期检察建议法治化的实然问题

随着时代的发展与进步,检察建议作用不断凸显,法治化程度日益提升。但是不容

---

① 参见姜伟、杨隽:《检察建议法制化的历史、现实和比较》,载《政治与法律》2010 年第 10 期。

否认，在当前社会转型期，检察建议法治化面临一些明显困境，主要体现在制度和操作两大层面，有必要对此进行深度解构，深入剖析检察建议法治化程度不高、法治化进程缓慢等实然问题。

（一）制度层面存在问题，法治化程度不高

1.社会认知程度不够。实践中，检察机关与被建议单位对检察建议的认识都不够到位。一是被建议单位对检察建议的法律性质和要求不了解，虽然会予以回复，但有的整改措施笼统简单、敷衍了事，有的表态后并无实际行动，还有的甚至直接抵制，影响了监督效果的实现。此外，检察建议跟踪回访和督促整改工作落实不到位，加之检察机关与被建议单位之间没有隶属、管理关系，无法形成层级管理压力督促被建议单位重视问题、及时整改。某些情况下，被建议单位之间还会以没有相关职责为由相互推诿，导致检察建议流于形式。二是办案与监督之辩证关系认识不足，重办案轻监督，停留于机械办案的层面，而未深入社会治理的深层，造成检察建议工作浮在面上，深入不下去。三是提供优质检察产品的认识不足，工作理念、工作标准还停留在传统职能的保障上，对加强法律监督，努力承担起提供更加优质法治产品的重要性，认识不到位。

2.程序方面存在问题。一方面，制发工作不够均衡。检察机关尚未形成紧扣司法办案，制发检察建议的良好习惯，检察建议制发数量依然不多，工作开展不均衡。由于业务部门办案数量参差不齐，工作内容各不相同，工作模式存在差异，导致检察建议线索发现有别，检察建议制发数量不一。另一方面，制发程序不够规范。有的业务部门制发检察建议不够积极，制发时间普遍滞后；有的业务部门因为办案任务繁重，无法在案件办结后及时制发检察建议，而是选择时间集中制发一批检察建议；有的业务部门制发检察建议之前缺少研究论证，所发检察建议规范性不足，科学性不够，严肃性欠缺。

3.内容方面存在问题。一方面，内容不够科学规范严谨。实践中，制发的检察建议内容过于概括，分析不够透彻，说理不够深入，经常就案论案，未能找出问题根源。此外，检察建议针对性不够、说理性不强，导致被建议单位难以完全采纳建议内容，或者在回复时避实就虚，避重就轻，影响了检察建议的权威性。另一方面，类案检察建议数量不多。大多数检察建议是针对个案具体情况而制发的，基本属于"一案一发"，制发的重大、有影响的、属于同类问题的类案检察建议数量很少，未能实现"制发一件，治理一片"的良好效果，影响了检察建议实效。此外，检察建议针对问题不够典型，同时囿于专门知识匮乏，调研不够深入，提出的对策建议存在雷同现象，影响了检察建议的针对性。

（二）操作层面存在问题，法治化进程缓慢

1.制发对象不够平衡。司法实践中，检察建议制发部门以民事行政、公益诉讼部门为主力，其他部门鲜有制发。民行、公益诉讼类检察建议呈直线上升趋势，尚未合理运用检察建议推动工作、参与社会治理，导致隐藏案件背后的问题不能被及时发现、处理和反馈。同时，检察建议的重心集中在行政监管执法部门和公安司法机关，向企事业单位发送的检察建议数量较少。这缘于一些业务部门仅将检察建议视为软性监督方式，尚未合理运用检察建议推动工作、参与社会治理，导致隐藏案件背后的问题不能被及时发现、处理和反馈；同时，亦夹杂着考核等因素，使部分数据直到后期才“浮出水面”。此外，精力有限的客观约束，也在一定程度上导致了检察建议的重心不能过多向企事业单位倾斜。

2. 检察建议质量欠佳。实践中，检察建议“纸上谈兵”现象时有发生。基于案多人少的矛盾，承办人在拟制检察建议时，常常局限于有限的案卷材料，制发的检察建议往往驻留于现象层面，表现为：一是针对性不够强。有的检察建议内容类似，导致问题分析和整改建议有套用“模板”之嫌。如某一类检察建议中，均会提及“加强规范管理”之类的表述。二是内容不够规范。有些检察建议校对不仔细，存在用语瑕疵或逻辑错误，个别检察建议书还存在错别字、标点符号使用错误的现象。大部分检察建议文书内容较为简单，侧重于提出对策建议，对于问题的来源或提出建议的原因分析不够透彻，甚至存在一句话带过的现象。有的检察建议套用模板现象严重，同一部门基本套用同一建议模板，导致出现的用语瑕疵也都相同。三是专业领域知识有所欠缺。撰写检察建议要求检察人员具备法律、管理、财务、金融甚至医学、化学等专业知识，但因检察人员多系法学专业出身，自身知识结构不全，起草检察建议时，难免会发生“外行建议内行”现象，一定程度上影响了检察建议的严肃性和权威性。①

3. 监督落实不够到位。一是管理机制不够完善。2019 年《人民检察院检察建议工作规定》对检察建议的适用范围、制发程序、督促落实等情况进行了详细规定，为规范检察建议工作提供了有力的制度保障。但由于运行时间不长，实践经验累积不多，目前没有形成有力的系统的规范化管理机制。二是与被建议单位沟通不够。由于承办人与案发单位近距离接触的机会有限，如果发出检察建议后对案发单位的执行情况不闻不问，加上一些单位对监督存有抵触情绪，导致检察建议被搁置。三是跟踪回访和督促落实机制不够完备。工作中，对检察建议是否符合实际、措施是否得当缺乏细致的调查，认真审核。把收到被建议单位的回复文书等同于检察建议的办结，没有跟踪监督落实情况，距离检察建议的真正落地、落实还有差距。

三、路径建构：检察建议法治化的应然进路

在考察检察建议法治化的历史进程、解构检察建议法治化的实然困境基础上，有必要结合社会转型期的时代背景，考察新时代检察建议法治化的应然进路。

（一）工作制度方面

1. 从单方建议转向协商共治。基于法治的多元共治体系已经成为共识和实践选择。

---

① 参见浙江省杭州市人民检察院课题组：《加强检察建议刚性问题研究——以杭州市检察建议运行情况为样本》，载《检察调研与指导》2019 年第 5 期。

多元共治以对话、竞争、妥协、合作和集体行动为核心机制，其中合作是最重要的机制。据此，检察机关应摒弃将检察建议视为单项职权主义的司法意见，从单方建议转向协商共治，在检察建议工作中与被建议单位开展对话，进行普遍、广泛、深度的协商和合作，必要时可以采取一定程度的妥协，寻求与被建议单位达成共识，推动被建议单位自觉行动。

2. 从高人一等转向互利共赢。检察机关应当把开展检察建议，视为新时代检察机关积极为经济建设和促进社会和谐稳定的重要途径。一是检察机关的法律监督并非高人一等；二是检察机关的法律监督应追求双赢多赢共赢；三是应将检察机关的法律监督与办案相结合。应当明确，检察机关作为法律监督机关，不是要在地位上超越谁，并不是要追求比其他部门更大的权力，甚至不是要求说话就要算数、就要管用，而是为了与被监督的部门一起，积极促进国家的法治事业。要认识到，新形势下检察建议的提出是为了促进整个国家的法治发展，是为了促进各部门依照法律规定履职；更重要的是，检察机关发现问题而提出检察建议，旨在解决问题。

3. 从事后纠错转向事前防范。在信息化浪潮方兴未艾的今天，检察建议就要从被动应对风险转为主动预防风险，加强对社会治理风险的前瞻和预判，掌握社会治理主动权。在检察建议工作中，检察机关应从“防范于既然”转型到“防范于未然”，努力推动检察办案数据与其他单位执法司法数据的互联互通，建立治理工作数据池，探索构建社会治理数据分析预测模型和分析工具，通过数据比对、碰撞，发现被建议单位尚没有关注的重要风险源点，提醒被建议单位做好应对准备，尽可能将风险消弭在萌芽状态。

4. 从关注回复转向长期跟踪。检察机关考察检察建议回复率和采纳率，往往看是否有书面回复以及在回复中是否载明相关采纳措施。检察建议都存在回复期，但是这个期限并不足以保证建议得到全面落实。要真正解决这个矛盾，就需要转变工作模式，从督促被建议单位按期书面回复转向长期跟踪。检察机关应当在收到书面回复后，通过实地调查核实、回访等措施，弄清楚建议内容是否得到真正采纳；对于没有采纳的，应及时听取被建议单位意见，帮助被建议单位共同研究破解之策；对于容易反复出现、难以在短期内取得明显成效的问题，应由承办检察官担任专门联系人，通过定期走访调查，及时发现问题回潮的迹象，提醒被建议单位坚持长效治理机制。

（二）操作程序方面

1. 规范检察建议的文书格式。其一，严格按照调查核实程序要求开展工作，必要时借助专业机构的力量，确保建议事项“事实清楚、准确”。其二，格式标准统一是法律文书严肃性、规范性的重要体现，制发检察建议时应当严格适用最高人民检察院制定的法律文书模板和封皮样式，确保文书格式内容规范统一。其三，检察建议的制发必须依托于办案，从检察工作履职实际出发，就办案过程中发现相关单位存在的问题，提出检察建议。建议内容要切实可行，具有可操作性，这样才能充分引起被发送单位的重视，避免“外行指导内行”的尴尬。

2. 完善检察建议的审批流程。为把检察建议工作真正做细做精,一是在实践中对于调查办理和督促办理程序中使用的审批文书要及时进行规范。二是宣告送达时,应要求检察人员和被建议单位代表均不得少于二人在场。三是检察建议承办部门在向上一级检察机关对口业务部门备案时,要同时按规定向本院法律政策研究室备案,以便定期组织评查、进行综合分析。四是涉及重大、疑难或争议较大的事项,可以提请检察长或报请检委会讨论决定。

3. 强化检察建议的督促落实。其一,在检察建议发出后,承办人应及时了解和掌握检察建议的落实、采纳情况进行跟踪监督。对检察建议置之不理超过一定期限或拒不接受检察建议的,应向其上级主管部门反映。其二,定期组织案管部门和业务部门对已经制发的检察建议的落实整改情况进行综合分析,找出落实效果不好或整改不到位的被建议单位或行业,注重对一类问题进行总结分析,并形成分析报告,充分保障检察建议落实效果。其三,针对一些重大、疑难、敏感问题制发检察建议后,应通过及时召开联席会议、组织不定期会商等措施,积极督促被建议单位落实整改。其四,被建议单位对检察建议置之不理超过一定期限或拒不接受检察建议的,应向其上级主管部门或机关反映。如果接受单位对检察建议中的事实、整改意见提出异议时,发出检察建议的检察机关,应对有关问题重新核实。

(三)专业办理方面

1. 健全证据收集分析机制。检察机关可以探索“案件化办理”要求,依托司法办案检察调查权能,采取谈话询问、现场勘查、调查实验、数据分析等方式,尽可能收集与建议相关的证据材料,用翔实可靠的案例、事例、数据来证明发现的问题。

2. 健全专家咨询论证机制。在社会治理检察建议工作中,应建立强制专家咨询论证机制,将专业性、技术性问题专家咨询论证作为检察建议制发的前置环节,通过专家论证辅助提升检察建议高质量。专家咨询论证方式可以多样,可以采取电话、网络咨询、书面函询方式,也可以上门听取意见或者召开座谈会,并做好相关记录附卷。

3. 构建团队化作战机制。为了解决检察建议调查核实工作繁重等问题,检察建议由检察官办案组办理为主,检察官办理为例外。对于重大问题,检察官办案组主任检察官应当由院领导担任,便于统一调度协调检察力量,也有利于对外沟通联系。同时,为了避免个体视野和思维局限,对于重要建议事项,应当提交检察官联席会议讨论;重大疑难复杂的事项,应当由检察长提交检察委员会研究决定。

(四)运行保障方面

1. 健全检察建议评价机制。在检察建议工作中坚持质量、效果导向,旗帜鲜明地倡导质量为先,同时,在考评指标中适当考虑四大检察全面充分协调发展的要求,引导各业务部门结合自身工作职责通过检察建议来推进检察工作。定期对检察建议开展评查和评比,将评查和评比结果纳入对检察机关综合考评和检察官的业绩考评,对于质量不高的检察建议给予检察官负面评价，对于效果较好的给予检察官正面激励。

2. 优化建议质量内控机制。一方面，检察机关特别是基层检察机关应当明确专人负责检察建议尤其是社会治理类检察建议的事前审核，并纳入其业绩考评，通过"硬约束"督促其履职尽职。另一方面，检察机关可以在相关检察人员教育培训课程中增设检察建议制发教程，让检察人员能够熟练掌握检察建议文书制作等技能。

3. 探索构建上级办理异议复核制度。为了让被建议单位真正重视和应用异议复核机制，更好地反向审视检察建议质量，建议可将异议复核权由本级检察机关办理提升到上一级检察机关办理，即被建议单位对检察建议内容有异议的，可向上一级检察机关申请复核。这种制度设计，可以避免原检察机关复核自身决定的弊端，增强复核结果的公信力，也有利于上级检察机关及时掌握下级检察建议情况，有针对性地进行指导，避免备案审查发现问题后再指令下级修订或撤回检察建议。①

① 参见邹云翔等：《社会治理检察建议的特征与运行机制》，载《人民检察》2021 年第 17 期。

中立帮助行为的定罪处罚

李　威*

摘要：在我国司法实践中，中立帮助行为往往按照犯罪处理，但过大的打击面会导致公民陷入恐慌状态，阻碍社会经济的发展。学界限制中立帮助行为处罚范围的诸多学说中，主客观统一说最为合理。应当以中立帮助行为本身的危害性大小为基础，确立不同的处罚标准：(1)行为本身不具有任何危害性的，不构成犯罪；(2)行为本身具有一定危害性，但该行为在社会生活中起到积极作用时，行为人追求犯罪目的（直接故意）时，才构成犯罪；(3)行为本身具有较大危害性时，行为人具有间接故意，也可以构成帮助犯。在认定行为是否具有危害性时，要判断行为的意义是否仅在于维持基本的生活需要，行为是否符合行业规范、交易习惯，以及行为时情况是否紧急。

关键词：中立帮助行为　帮助犯　限制处罚主客观统一

一、问题的提出

中立的帮助行为是指“在知道或猜想到他人将实施犯罪行为而又与其欠缺犯意联络的情况下，通过实施日常生活行为或业务行为的形式为他人实施犯罪行为提供帮助的行为”。① 以下试举几例：(1)出租车司机甲在得知乘客计划前往某地杀害他人后，仍然将乘客送到指定地点，最后乘客成功杀死目标。(2)甲曾经借给乙 5000 元，甲实施犯罪后计划逃跑，乙应甲的要求还款 5000 元。(3)餐厅老板甲明知对方是黑社会性质组织，仍然应其订餐要求每日送餐上门。(4)五金店老板甲看到乙丙二人正在不远处斗殴，随后乙进入商店购买羊角锤，甲未拒绝，乙顺利购得羊角锤并致丙重伤。(5)某公司实际是犯罪集团，长期实施诈骗等犯罪，律师甲知晓该公司的实际情况，仍为其提供法律服务。由

---

* 李威，江苏省苏州市人民检察院法律政策研究室检察官助理。

① 邹兵建：《网络中立帮助行为的可罚性证成—— 一个法律经济学视角的尝试》，载《中国法律评论》2020 年第 1 期。

此可见，中立帮助行为只是一种“理论上对帮助行为与职业行为交集的一种现象性、事实性描述”，[①]其本身往往具有积极意义，只是在偶然的情况下才与他人的犯罪行为联结，是否构成犯罪还需要进一步判断。然而，目前司法实践呈现出扩大中立帮助行为入罪的倾向。

首先，片面正犯理论极大地降低了帮助犯的成立门槛。帮助犯，是指为他人犯罪提供物质或心理支撑，对正犯起促进、强化、推动作用，以使他人的犯罪更容易的行为。[②] 通说认为，成立帮助犯只需要满足以下条件：客观上实行了帮助行为，帮助行为与犯罪结果具有因果关系；主观上具有共同故意。根据这一标准，大多数中立帮助行为的实施者没有与犯罪人共同谋议，缺乏共同故意，因而不成立犯罪。但是，片面共犯理论则改变了这一结论。所谓片面共犯，“是指参与同一犯罪的人中，一方认识到自己是在和他人共同实施符合构成要件的违法行为，而另一方没有认识到有他人和自己共同实施的情形”。[③] 尽管学术界关于片面的教唆犯和片面的共同实行犯存在较大争议，但大多承认片面的帮助犯。[④] 片面的帮助犯理论极大地降低了帮助犯主观方面的成立标准：即使没有共同谋议，只要行为人具有单方面的帮助故意，就满足帮助犯的主观成立条件。

其次，受到片面共犯理论的影响，司法实践不仅将“共同故意”这一较高的主观标准降低为单方面的“明知”，甚至还放弃了对行为等客观方面的考察。以司法解释为例，2019 年最高人民法院、最高人民检察院、公安部、司法部发布的《关于办理“套路贷”刑事案件若干问题的意见》第 5 条规定了“套路贷”相关犯罪的共犯情形，[⑤]这一司法解释不仅放弃了通说主张的“共同故意”，而且还将部分明显具有中立性质的行为（如提供银行卡、账号、交通工具等）按照共犯处理。此外，《关于办理敲诈勒索刑事案件适用法律若干问题的解释》第 7 条、《关于办理利用信息网络实施诽谤等刑事案件适用法律若干问题的解释》第 8 条等也存在类似规定。审判实践中的做法也与司法解释一致，笔者在中国裁判文书网以“中立帮助行为”为关键词进行检索，辩护人以中立帮助行为进行辩护的刑事案件共有 6 个，其中 5 个案件法院对此作出回应，认为被告人主观上具有明知性，其行为不是中立帮助行为。在王某伟走私贩卖运输制造毒品案中，二审法院明确说明“王某伟驾驶黑车为杨某霞提供客运服务，既可以是正常的民事行为，也可以是贩毒的帮助行为，

---

① 王华伟：《中立帮助行为的解构与重建》，载《法学家》2020 年第 3 期。

② 参见[日]山口厚：《刑法总论》（第 3 版），付立庆译，中国人民大学出版社 2018 年版，第 334 页。

③ 张明楷：《刑法学》，法律出版社 2016 年版，第 435 页。

④ 参见李光灿、马克昌、罗平：《论共同犯罪》，中国政法大学出版社 1987 年版，第 37 页以下；张明楷：《刑法学》，法律出版社 2016 年版，第 436 页。

⑤ 《关于办理“套路贷”刑事案件若干问题的意见》第 5 条第 2 款规定，明知他人实施“套路贷”犯罪，具有以下情形之一的，以相关犯罪的共犯论处，但刑法和司法解释等另有规定的除外：（1）组织发送“贷款”信息、广告，吸引、介绍被害人“借款”的；（2）提供资金、场所、银行卡、账号、交通工具等帮助的；（3）出售、提供、帮助获取公民个人信息的；（4）协助制造走账记录等虚假给付事实的；（5）协助办理公证的；（6）协助以虚假事实提起诉讼或者仲裁的；（7）协助套现、取现、办理动产或不动产过户等，转移犯罪所得及其产生的收益的；（8）其他符合共同犯罪规定的情形。

两者的界限在于是否明知杨某霞贩卖毒品具有法益侵害的紧迫性而为其提供帮助”。①

尽管扩大犯罪圈在一定程度上符合刑事政策的要求,但中立帮助行为本身具有特殊性,即具有反复持续性、日常性、可替代性,具有从事正常的民事活动、履行民事义务的意义,②过大的打击面表明司法者只是从形式上理解中立帮助行为,由此带来的不加限制的入罪化会导致公民陷入恐慌状态,阻碍社会经济的发展。因此,有必要对实践中宽泛的入罪化的做法进行反思,明确中立帮助行为与帮助犯的界限。

二、限制中立帮助行为入罪的理论方案

除了德国和日本在早期流行过全面处罚说之外③,目前中立帮助行为的处罚范围应当予以限缩已经成为学界的共识,具体限制路径大致可以分为主观说、客观说和折中说三种。

(一)主观说

主观说通过考察行为人的主观心态来判断中立的帮助行为是否需要处罚,根据考察重点的不同,早期的主观说包括确定故意说和直接故意说,后期罗克辛提出通过信赖原则来限制中立帮助行为的处罚范围。

1. 确定故意说和直接故意说。前者通过认识因素限制处罚范围,认为只有基于确定的故意而实施的中立帮助行为才是可罚的,从而将基于不确定的故意而实施的中立帮助行为排除在处罚范围之外。④ 后者则试图在意志因素层面限制处罚范围,即只有基于促进犯罪的意思亦即直接故意而实施的中立帮助行为才是可罚的,从而将基于间接故意而实施的中立帮助行为排除在处罚范围之外。⑤

确定故意说和直接故意说最大的缺陷在于:(1)涉嫌主观归罪。现代刑法惩罚的是客观行为而非主观罪过,主观说跳过对行为的考察,直接根据行为人的主观心态定罪“歪曲了刑法的处罚对象,将对象扩大到了思想”⑥。(2)行为人的主观心态难以考察。“在帮助者所实施的帮助行为在行为外观上完全相同的情况下,想要考察其内心有无促进犯罪的意思,几乎是不可能完成的任务。”⑦

---

① 参见重庆市第五中级人民法院(2019)渝 05 刑终 1112 号刑事裁定书。

② 孙万怀、郑梦凌:《中立的帮助行为》,载《法学》2016 年第 1 期。

③ 全面处罚说的代表性学者是德国刑法学家耶塞克、魏根特,他们认为只要按照一般的帮助犯成立要件即可,不用特别限制中性帮助行为的处罚。参见林维:《共犯论研究》,北京大学出版社 2014 年版,第 441 页。

④ 参见林钰雄:《新刑法总则》,中国人民大学出版社 2009 年版,第 363 页。

⑤ 参见[日]山中敬一:《中立帮助行为的可罚性》,载《关西大学法学论集》2006 年第 1 期;转引自姚万勤:《中立的帮助行为与客观归责理论》,载《法学家》2017 年第 6 期。

⑥ 付玉明:《论刑法中的中立帮助行为》,载《法学杂志》2017 年第 10 期。

⑦ 邹兵建:《网络中立帮助行为的可罚性证成—— 一个法律经济学视角的尝试》,载《中国法律评论》2020 年第 1 期。

2. 信赖原则。[①] 德国刑法学者罗克辛主张通过信赖原则解决这一问题，根据帮助者认识的明确性，确立不同的判断标准：(1) 在帮助者仅仅是猜测到被帮助者的犯罪决定（即不确定的故意）的场合，根据信赖原则，帮助者有理由信赖被帮助者不会去实施犯罪，因此帮助行为不构成犯罪；但是，如果被帮助者表现出了明显的犯罪倾向，这种信赖就会被打破，帮助者的帮助行为便会构成帮助犯。(2) 在帮助者明确地知道被帮助者的犯罪决定（即确定的故意）的场合，帮助者的帮助行为原则上会构成犯罪；但是，如果帮助者的帮助行为欠缺犯罪意义上的关联，就不构成犯罪。[②]

这一观点遭到了学界的质疑：首先，这是对信赖原则的误用。信赖原则的法理基础是风险分配，但在帮助者与被帮助者之间，既不存在义务的分配，也不存在责任的分配。因此，试图用信赖原则限制中立帮助行为的处罚范围，是对信赖原则的一种误用。[③] 其次，这一主张容易导致处罚不均衡。根据罗克辛的主张，确定故意支配的行为可能因为没有犯罪意义关联性而不可罚，而未必故意支配的行为可能因为他人有明显的犯罪倾向而可罚，这便导致了处罚的不均衡。[④]

(二) 客观说

客观说尝试从客观方面对中立帮助行为的处罚范围予以限制，根据限制路径的不同。客观说又可以分为以下不同学说。

1. 社会相当性说/职业相当性说。社会相当性说以德国学者韦尔策尔提出的社会相当性理论作为理论支撑，主张中立的帮助行为属于历史形成的日常生活秩序内的行为，具有社会相当性，因而不构成犯罪。[⑤] 应该说，社会相当性理论的努力方向是正确的，但社会相当性这一判断标准极为模糊，因此有学者认为“社会相当性理论与其说是一种理论、一种评判标准，不如说只是一个美好而响亮的口号”[⑥]。

为了弥补社会相当性说判断标准模糊的缺陷，德国学者哈塞默提出职业相当性说，认为遵守规则的业务行为实现了国家和社会所承认的任务，并且公示了行为规范，即使业务行为侵害了法益，也不构成从犯。[⑦] 尽管职业相当性说在判断标准上更为明确，但并未充分阐释区分职业行为与其他行为的缘由，并且业务行为一概不成立犯罪的结论是否

---

① 信赖原则属于主观说还是折中说存在争议。具体而言，周光权、邹兵建、陈洪兵等学者认为该说属于主观说，付玉明、曹波等学者认为其属于折中说。

② 参见[德]克劳斯·罗克辛：《德国刑法学总论》（第 2 卷），王世洲等译，法律出版社 2013 年版，第 156－162 页。

③ 参见邹兵建：《网络中立帮助行为的可罚性证成——一个法律经济学视角的尝试》，载《中国法律评论》2020 年第 1 期。

④ 参见郭玮：《中立的帮助行为司法犯罪化的标准探讨》，载《西部法学评论》2018 年第 1 期。

⑤ 邹兵建：《网络中立帮助行为的可罚性证成——一个法律经济学视角的尝试》，载《中国法律评论》2020 年第 1 期。

⑥ 付玉明：《论刑法中的中立帮助行为》，载《法学杂志》2017 年第 10 期。

⑦ 转引自孙万怀、郑梦凌：《中立的帮助行为》，载《法学》2016 年第 1 期。

妥当也有待考量。

2. 不可替代的原因说。日本学者岛田聪一郎以及我国学者黎宏均持此观点。这一理论的核心观点就是将现实的因果流程与去除中立帮助行为后的因果流程进行对比,以确定中立帮助行为在犯罪过程中起到的原因力大小。如果中立帮助行为增加了侵害法益结果的危险或者强度,就认为中立帮助行为对犯罪结果的发生具有实质性的影响,成立帮助犯;如果没有增加侵害法益结果的危险或者强度,就应否定中立帮助行为与犯罪结果之间的因果关系。

但不可替代的原因说在理论上有一个难以解决的障碍,即因果关系是客观存在而非假定的,行为人不能以有替代行为为由,主张自己行为不可归责。另外,帮助行为本来就不需要具有不可替代性,坚持不可替代的原因说"无异于架空刑法关于帮助犯的有关规定"。①

(三)折中说

认识到主观说、客观说各自存在的不足后,折中说试图将二者进行调和,从主客观两方面对中立的帮助行为的处罚范围予以限制。

1. 客观归责论。学界的最新理论动向是通过客观归责理论来限制中立帮助行为的处罚范围,雅各布斯教授的溯及禁止理论就是客观归责理论的一种。在雅各布斯看来,中立的帮助行为都具有独立的社会意义,但是有两种例外的情形:一是帮助行为与正犯行为在客观上形成一体化时,帮助行为欠缺独立的社会意义。例如,面包店老板在明知顾客打算用面包投毒的情况下,应对方的要求为其特制适合于投毒杀人的面包,成立故意杀人罪的帮助犯。二是当正犯的犯罪行为迫在眉睫时,帮助者的行为不再具有独立的社会意义,因而构成犯罪。如二人在商店门口吵架,商店老板将菜刀卖给其中一人,最终导致另一人被砍死的,商店老板的行为构成犯罪。② 在我国越来越多的学者开始主张将客观归责纳入中立帮助行为的判断中。③

在笔者看来,客观归责理论并不一定是限制中立帮助行为处罚范围的有效方法。第一,客观归责理论在刑法学内部的定位不明确,并且理论内部缺乏体系性,因而称为"放置各种未被解决出罪事由的杂物间"④。第二,客观归责理论采用行为制造不被允许的危险,行为实现不被允许的危险,超出构成要件的保护范围等判断标准,但是这些标准过于宽泛化和原则化,不具备可操作性。

---

① 曹波:《中立帮助行为刑事可罚性研究》,载《国家检察官学院学报》2016 年第 6 期。

② 参见邹兵建:《网络中立帮助行为的可罚性证成—— 一个法律经济学视角的尝试》,载《中国法律评论》2020 年第 1 期。

③ 参见周光权:《中性业务活动与帮助犯的限定》,载《比较法研究》2019 年第 5 期;曹波:《中立帮助行为刑事可罚性研究》,载《国家检察官学院学报》2016 年第 6 期。

④ 转引自王华伟:《中立帮助行为的解构与重建》,载《法学家》2020 年第 3 期。

2. 主客观统一说。国内不少学者受到我国刑法传统理论中的主客观一致原则的影响,认为要限制中立帮助行为的处罚范围,必须同时考虑主客观两方面的因素。如付玉明认为,中立的帮助行为构成犯罪应满足以下条件:主观上行为人对犯罪行为必须具有明确的认识,并且对于违法犯罪行为的发生具有主观上的积极意志,客观上帮助行为与犯罪结果之间兼备物理和心理上的因果关系。[①] 李长兵认为判断中立帮助行为可罚性的核心在于犯罪意图,应针对不同的帮助行为,设置不同的主观要求:偏重非法利用的行为,存在认识上的明知即可成立帮助犯;易于滥用的帮助行为,必须具有帮助的故意才成立帮助犯;偶被非法使用的帮助行为,既有帮助的故意又有意思联络时才成立帮助犯。[②]

(四)小结——主客观统一说的提倡和完善

纵观学界限制中立帮助行为处罚的学说,笔者认为折中说中的主客观统一说的总体思路是最为合理的:首先,从客观、主观两方面确定中立帮助行为的处罚边界,符合犯罪构成理论;其次,主客观统一说形成的犯罪圈比单纯的主观说或客观说所形成的犯罪圈小,更加符合刑法谦抑性的精神。此外,李长兵根据行为性质设置不同的主观要件,对于确定中立帮助行为的可罚性具有启发性,但是笔者不认同限制中立帮助行为处罚范围的核心在于犯罪意图,从刑法客观主义的立场出发,限制处罚范围的核心应当是中立帮助行为本身的不法性。

因此,笔者主张,以中立帮助行为本身的危害性大小为基础,确立不同的处罚标准:(1)行为不具有任何社会危害性,无论行为人具有何种主观心态,帮助行为都不构成犯罪;(2)行为本身具有一定社会危害性,但该行为在社会生活中主要起到积极作用时,只有在行为人追求犯罪目的(直接故意)时,中立帮助行为才构成犯罪;(3)行为本身具有较大危害性时,行为人具有间接故意,也可以构成帮助犯。在认定行为是否具有危害性时,要遵循如下顺序:首先,判断行为的意义是否仅在于维持基本的生活需要,如果行为的作用仅仅是维持基本的生活需要,那么行为不具有任何的危害性;其次,判断行为是否符合行业规范、交易习惯,如果违反上述规范,那么行为就丧失了中立性;最后,判断行为时情况是否紧急,如果被害人的人身安全面临非常紧迫的威胁,即使行为人遵守了行业规范、交易习惯,行为也丧失了中立性。

三、对中立帮助行为的类型化分析

经过梳理,中立帮助行为大致可以分为四类:商品交易、服务提供、民事契约和企业

---

① 参见付玉明:《论刑法中的中立帮助行为》,载《法学杂志》2017 年第 10 期。类似观点参见郭玮:《中立的帮助行为司法犯罪化的标准探讨》,载《西部法学评论》2018 年第 1 期;李灿:《风险社会背景下中立帮助行为可罚性探究——基于德日刑法理论的对比考察》,载《东南大学学报(哲学社会科学版)》2016 年第 6 期;张伟:《中立帮助行为探微》,载《中国刑事法杂志》2010 年第 5 期。

② 参见李长兵:《网络中立帮助行为刑事处罚的边界新论——以帮助信息网络犯罪活动罪为视角》,载《法学杂志》2020 年第 4 期。

员工行为。接下来，笔者将按照上文确定的处罚标准，逐一检视不同类型的中立帮助行为是否成立犯罪。

（一）商品交易

1. 如果商家出售的是没有危险性的日常生活物品，如食品、饮料等商品，即使商家具有帮助正犯的故意、追求犯罪结果实现的非法目的也不构成犯罪（家人或其他人无偿提供饮食的行为也应按无罪处理）。实践中存在将提供饮食这一行为入罪化的做法，[①]但这一做法并不妥当，因为这一类物品的功能"仅在于维持人类机体的存活，与犯罪行为没有直接的关联性，也没有真正提高构成要件实现和法益侵害的风险"。[②]

2. 如果商家销售的是菜刀、老鼠药等带有一定危险性的商品，由于交易行为具有反复性、制式性，一旦有顾客前来购买商品，商家很难拒绝交易，一般不构成犯罪。如果商家违反正常的交易流程，如未要求顾客支付价款便将商品交付给顾客，其行为丧失了中立性，构成犯罪。例外情况，如果商家遵守交易流程，但是情况特别紧急，如商家亲眼看到二人在商店门口斗殴，一人进入商店购买菜刀商家仍然与之交易的，由于此时被害人的生命法益面临极为紧迫的危险，因而商家的销售行为成立犯罪。

3. 如果商家出售的物品具有极大的危险性，主要用途是用于攻击或者破坏，如炸药、枪支等，商家即使是间接故意，也成立犯罪。

（二）服务提供

1. 运输服务型。出租车司机明知顾客有杀人故意，仍然运送顾客前往目的地的，一般不构成犯罪，因为运输行为本身是保证社会高效运转的必要因素，在遵守行业规范的情况下，运输行为并未提高他人所遭受的生命危险。如果出租车司机主动提出是否需要在行动结束后接应乘客，其行为明显违背司机这一中立角色，因而成立犯罪。如果出租车司机目睹数人在前方持械斗殴，一人逃跑，另一方进入出租车要求司机追赶正在逃跑的被害人，司机照做，即使司机按照行业规范行驶，没有提出接应，但由于被害人的生命安全遭受巨大威胁，司机的行为仍然构成犯罪。

2. 金融服务型。金融服务通常包括为客户提供贷款、存款、开户、转账等服务，由于这些行为不会对人的生命安全造成损害，因而只需要考虑其是否遵守了法律法规，行业规范。银行工作人员只要遵守银行法等相关规范，即便知道客户从事诈骗或者其他违法犯罪活动的，也不应当按照犯罪处理。[③]

3. 知识、技术服务提供型服务。此类情况包括律师为他人提供法律咨询等。同金融

① 赵某某寻衅滋事案。被告人赵某某与宋某某系夫妻关系，为了儿子宋某1不被公安局通缉，宋某某在公安局政委办公室内滞留9天，妻子赵某某在其滞留期间多次为丈夫送饭。法院认为二人均构成寻衅滋事罪，宋某某为主犯，赵某某为从犯。参见黑龙江省五常市人民法院（2016）黑0184刑初30号刑事判决书。

② 王伟华：《中立帮助行为的解构与重建》，载《法学家》2020年第3期。

③ 参见陈洪兵：《论中立帮助行为的处罚边界》，载《中国法学》2017年第1期。

服务一样，这一类服务不会对他人的生命安全造成威胁，只要行为没有超过行业规范，就没有在客观上实际促进他人的犯罪行为，不能被认定为帮助犯。但是，如果服务人员违背行业规范，如律师实施了帮助诈骗集团进行转账等行为的，其行为不再具有中立性，构成犯罪。

（三）民事契约

1. 债权债务关系。在他人实施犯罪后向其提供金钱或者其他财物的行为，需要分情况处理。如果双方事前就已经成立债权债务关系，那么债务人履行还款义务的行为不能被评价为犯罪，因为债务人的偿债行为并未导致他人整体财产的增加，如果对此行为予以处罚，会导致民法上诚实守信的行为却被按照犯罪处理的不合理现象。如果双方的债权债务关系是在犯罪之后才形成的，将金钱出借给他人的行为则可能成立包庇罪或相关犯罪的共犯，因为刑事犯罪已经出现，任何人都负有不得帮助罪犯的刑事义务，将钱借给罪犯的行为实际上是在民事法律行为外衣的掩盖下，违反刑事义务。

2. 房屋租赁关系。在房东将房屋出租给他人后，即使房东发现租客在房屋内实施犯罪行为，房东出租房屋的行为也不成立犯罪。首先，房屋本身仅具有供人居住的功能，并不会对犯罪行为产生促进作用，房东不负有危险源监督义务；其次，房东与租客之间仅存在合同关系，房东并不因为出租房屋就负有监督租客的行为，阻止其犯罪的义务。

（四）企业员工行为

当企业在从事污染环境等犯罪活动时，为企业生产作出贡献的员工是否成立相关犯罪的共犯？笔者认为，答案是否定的，一方面，企业员工努力工作，制造产品或者提供服务的行为，实际上实现了更大的社会利益；另一方面，在单位犯罪中，一般是单位领导支配犯罪活动，一般的员工随时都可能被替换，对犯罪的发生没有关键性作用。笔者的这一观点，也在实践中得到印证：周某某为实施诈骗活动，招聘了数十名员工分配至公司不同部门，分别负责群发虚假手机短信、骗取会员费、指导购买股票、安抚客户，累计骗取钱款370余万元。一审和二审法院均认为陈某某等23人的行为符合《刑法》第13条但书的规定，依法宣告无罪。理由是：犯罪由主犯周某某一手策划，陈某某等23人只是负责执行具体事务；陈某某等人在犯罪单位仅领取基本工作报酬，在犯罪中作用较小。① 由此可见，企业员工的行为介入犯罪的程度浅，难以被评价为犯罪。但是，如果员工积极出谋划策，参与犯罪决策，其行为将难以被评价为中立。

① 参见江西省高级人民法院（2014）赣刑二抗字第4号刑事裁定书。

建立不予核准追诉可撤销制度初探

任进强　聂　瑜　郭　洋*

摘要：核准追诉制度是追诉时效制度的重要组成部分。“以不核准追诉为原则，以核准追诉为例外”的原则，导致理论界和司法实务界均对不核准追诉的后续情况关注不足。在核准追诉制度下增加不核准追诉的法律救济机制是权力属性、法律周延和司法实践的需要。结合法律规定和司法实务，有必要探索一套不予核准追诉可撤销制度的实现路径，如将发现漏罪仍需追诉、被害人亲属等基层组织意见反映存在违背真实意见等五种情形规定为该制度的启动条件；明确启动主体、证据标准和审查决定的程序，同时规定检察机关向侦查机关的通报义务。

关键词：核准追诉权　不予核准追诉　可撤销

近年来随着刑事科学技术的进步，陈年命案破获数量显著增加，报请最高人民检察院核准追诉案件数量随之增加，同时也逐渐暴露出我国核准追诉制度执行中存在的一些问题。我国《刑法》第 87 条第 4 项规定，法定最高刑为无期徒刑、死刑的，经过 20 年不再追诉，必须追诉的需报请最高人民检察院核准。“以不核准追诉为原则，以核准追诉为例外”的原则，导致理论界和实务界均对不核准追诉的后续情况关注不足，甚至出现不核准追诉后，被告人被释放后挑衅被害人家属、挑战人民群众淳朴正义观、以国家赔偿为由进行上访的现象发生。正如法谚所称“有犯罪必有被害，有被害必有救济”，笔者通过分析核准追诉权的属性及现行核准追诉制度之缺陷，拟揭示建立不予核准追诉可撤销制度的必要性，进而从启动条件、撤销程序和法律后果三方面对实现路径进行探索，以期推动核准追诉制度进一步完善。

---

* 任进强，江苏省连云港市人民检察院检察委员会专职委员；聂瑜，江苏省连云港市人民检察院第一检察部副主任；郭洋，江苏省连云港市人民检察院第二检察部检察官助理。

一、核准追诉权的属性及现行制度缺陷

核准追诉制度是追诉时效制度的重要组成部分。追诉时效，是指刑法规定的、对犯罪人追究刑事责任的有效期限。[①] 一般而言，超过一定期限，犯罪人行为的法律后果消灭，但核准追诉制度使超过期限但必须追诉的犯罪予以追究成为可能。

（一）核准追诉权的属性

1. 核准追诉权是公诉权的一种行使方式。根据《刑法》第 87 条第 4 项和《人民检察院刑事诉讼规则》第 321 条的规定可知，核准追诉发生在立案侦查后，提前公诉前。换言之，核准追诉是对起诉的核准，而非对立案的核准。核准追诉的法律意义是核准是否提起公诉进而启动审判程序。所以，核准追诉权也是一种公诉权，是对公诉权是否进一步行使和行使方式的裁量，且是由最高人民检察院统一根据案件具体情况进行严格审查，确定是否追诉的特权。

2. 核准追诉权是追诉时效制度的“例外”。我国《刑法》第 87 条根据犯罪的法定最高刑分别确定了 5 年、10 年、15 年和 20 年四个不同档次的追诉时效期限，规定相应犯罪只要经过上述期限就不再追诉。但刑法同时考虑到，法定最高刑为无期徒刑、死刑的犯罪，往往是一些罪行极其严重、犯罪分子人身危险性极大、社会影响极为恶劣的重大犯罪，即便过了 20 年，犯罪带来的现实影响仍然可能存在，被破坏的社会关系和秩序仍然未能恢复。对这类案件，如果一律不再追诉，将不利于人民群众对公平正义的认识和期盼。因此，特别规定如果 20 年以后认为仍然必须追诉的，应当报请最高人民检察院核准。从这个层面讲，核准追诉制度是追诉时效制度的“修正”“例外”，体现了我国对追诉时效制度社会效果的考量，体现了维护社会公平正义的具体性及综合性。

3. 不核准追诉只是刑事责任程序上的豁免。不予核准追诉不代表无犯罪事实存在，也不代表无实体刑事责任存在。最高人民检察院基于多种因素综合考量，作出引起刑罚权消灭这一法律后果的决定。因此，不予核准追诉决定是对犯罪分子刑事责任程序上的豁免，而非实体上的豁免。这也是该类国家赔偿案不符合《人民检察院国家赔偿工作规定》的立案条件的法理基础。

（二）现行制度缺陷

虽然其他国家也有关于追诉时效延长或中断等在内的制度，但核准追诉制度却是具有中国特色的立法体例。我国核准追诉制度运行以来，取得了较好的效果，但实践中也存在一定的缺陷和不足。

一方面，认定“追诉必要性”的具体要素有形式化、抽象化倾向。实务中，检察机关办理核准追诉案件，认定追诉必要性的主要依据是 2012 年最高人民检察院《关于办理核准追诉案件若干问题的规定》（以下简称《规定》）和 2019 年 12 月 30 日施行的《人民检察院

---

① 参见张明楷：《刑法学》（第六版），法律出版社 2021 年版，第 830 页。

刑事诉讼规则》。上述两个文件对追诉必要性均表述为“涉嫌犯罪的性质、情节和后果特别严重,虽然已过二十年追诉期限,但社会危害性和影响依然存在,不追诉会严重影响社会稳定或产生其他严重后果”。同时,根据《规定》、“指导案例”和司法实践惯例,核准(不核准)追诉主要还考虑以下三个具体要素:一是案发地群众出具的是否还具有社会危害性证明。但一件命案经过二三十年,其案发地往往都发生了巨大的变化,甚至不复存在。而且司法实践中该类证明多已趋于形式化、公文化,并非能完全反应案发地群众的综合意见。二是被害人及其家属追究犯罪人刑事责任意愿的强烈程度。但这使追诉必要性的判断等同于被害人及其家属追诉必要性的判断,造成当事人或其家属上访、闹事、有强烈诉求表达的,予以核准的概率则大。相反,则不予以核准的概率则大。三是犯罪人认罪赔偿意愿及赔偿是否到位,从而被害方是否谅解。上述第二、第三要素,个体差异就非常明显,也是“同案不同核”及影响社会观感的主要原因。

另一方面,制度设计上逻辑不周延。司法是守护公平正义的最后一道防线。在制定法律规范、设计法律制度时应该考虑的是尽量让自身的逻辑结构做到周延而自洽。报请核准追诉的案件更多是对一些社会危害性极其严重、犯罪人的人身危险性极大、所造成的社会影响极其恶劣的罪行。其行使与放弃更是“人命关天”,作为如此重要的权力,却缺乏监督与救济,出现法律盲区,是典型的不周延的表现,无法实现诉讼闭环。

二、建立不予核准追诉可撤销制度的必要性

最高人民检察院对报请核准追诉案件经过审查后,作出是否核准的决定。也就是说,报请核准案件有两种法律后果,核准追诉,即向法院提起公诉,继续刑事诉讼流程;不予核准追诉,则撤销案件,终止刑事诉讼流程。现行制度框架下,建立不予核准追诉可撤销制度,须阐明建立该制度的必要性问题。

(一)更全面贯彻宽严相济刑事司法政策的内在要求

兼顾惩治犯罪和保障人权是我国刑法的根本任务。在核准追诉制度下,建立对不核准追诉的法律救济途径是人权理论和原则在刑事诉讼中平衡行使的需要。权利如没有周延的救济制度加以保障,就只能是残缺的。核准追诉所针对的案件性质具有特殊性,大多是故意杀人、故意伤害(致人死亡)、抢劫(致人死亡)、强奸(致人死亡)等严重暴力犯罪。犯罪人人身危险性大、社会影响恶劣,被害人家属心理创伤严重、积怨较深,受杀人偿命自然正义观的影响,社会公众对该类犯罪追诉的期望值较高。在惩治该类暴力犯罪和不予核准追诉致刑罚权消灭之间,一反一正两重天。基于此,则应由最高人民检察院统一行使核准追诉权,结合案情对是否具有追诉必要性进行全面考量和总体把握。当宽,则给予犯罪人改过自新的机会,不予核准追诉;当严,则打击犯罪彰显法律威严,核准追诉。但这里的宽,要注意刑法包容、灵活性与威慑、公正性之间的平衡。这就需要建立可撤销制度,发挥缓冲、修正和救济作用,避免因不予核准追诉决定作出后所依据的事

实、证据、情节发生变化，导致宽严无法“切换”、宽严相济刑事司法政策无法更全面更精准落实。

（二）现行核准追诉制度缺陷的有效弥补

司法实务中，一般围绕以下因素对追诉必要性进行综合审查判断：犯罪动机、犯罪后果和情节、犯罪人犯罪后的相关情况（有无漏罪新罪、是否真诚认罪悔罪、是否积极赔礼道歉、赔偿损失，以及取得被害人亲属谅解等）和被害人及亲属、社会的态度等。上述因素，根据形成时间，可分为到案前证据和到案后证据。相较而言，前者更为客观、真实，易判断把握；后者则易受犯罪人心理变化影响，出现与“核准追诉法律性、政策性导向需求”一致之假象的可能，如是否真诚认罪悔罪、赔礼道歉、赔偿损失、社会的态度等。具体来说，犯罪人在意识到有不予核准追诉可能后，受利益驱动，通过假认罪悔罪来换取司法机关真不追究；在案件本身属于可追诉可不追诉范围时，检察机关虽进行大量矛盾化解工作，但犯罪人认罪悔罪态度并不彻底；犯罪人到案后被羁押，很多赔偿谅解工作，均是由其亲属或辩护人代为完成，与反映犯罪人认罪悔罪态度相比，更反映的是其家庭的经济实力和对犯罪人挽救的心理；社会对犯罪行为的态度，约等同于案发地群众及基层组织意见，同样存在产生虚假的空间和可能等。上述种种，均需要在不予核准追诉后通过可撤销制度予以弥补。需要注意的是，该制度本质上与“以不核准追诉为原则，以核准追诉为例外”的原则不矛盾，而是其有益补充和延伸。

（三）司法机关终局性决定救济途径的现实需要

公、检、法虽然职责分工不同，但打击犯罪、维护公平正义的目标是一致的。在刑事诉讼构架上，也通过设定一系列救济制度来实现对司法权力运行的监督和制约，如公安机关立案是否合法，检察机关可以实施立案监督、撤案监督；检察机关不批捕、不起诉决定是否正确，公安机关可以申请复议复核，被害人、被不起诉人对不起诉决定有异议可以申诉；不服审判机关一审判决，被告人可以上诉、被害人可以请求检察机关抗诉、检察机关可以自行抗诉来启动二审程序；审判机关的生效裁判，当事人及其法定代理人、近亲属、本级及上级法院、上级检察机关均可启动审判监督程序实现救济。作为法律后果甚至更为严重的不予核准追诉决定，在现行司法制度框架内却无任何制度实现救济功能，而实践也确实存在被害人亲属及公众要求重启追诉程序的诉求，这就要求在制度设计上给予必要安排，保障权利救济。

三、不予核准追诉可撤销制度的实现路径

通过前述分析可知，建立不予核准追诉可撤销制度在理论和实务层面均具有一定的必要性。有鉴于此，笔者结合核准追诉案件办理的相关法律规定和司法实务经验，对该制度的实现路径进行初步探索。

(一)启动条件

最高人民检察院作出不予核准追诉决定后,有下列情形之一的,最高人民检察院应撤销不予核准追诉决定,重新作出核准追诉决定:(1)发现不予核准追诉决定作出前还有其他遗漏的故意犯罪需要追诉的;(2)以自己无罪被错误羁押申请国家赔偿等为由,经司法机关多次释法说理后,仍缠访闹访的,反映其并非真诚认罪悔罪的;(3)不予核准追诉后,因该案殴打、辱骂、恐吓被害人、被害人近亲属或其委托的辩护人,情节恶劣的;(4)存在胁迫、贿赂或其他致使违背被害人亲属、案发地群众或基层组织真实意愿的因素存在,情节严重的;(5)有证据证明不予核准追诉决定确有错误的其他情形。

(二)报请撤销不核准追诉决定之程序

1. 启动主体。根据启动撤销程序主体的不同,分为依职权和依申请。依职权,指的是不论作出不核准追诉的最高人民检察院还是报请核准追诉的其他检察机关,发现不核准追诉决定确有错误的,均可依职权启动该程序层报最高人民检察院。依申请,指的是被害人或被害人近亲属,认为不核准追诉决定确有错误的,可以向办理原核准追诉案件的基层检察院提出申请,由该院审查后决定是否层报至最高人民检察院。

2. 确有证据。应有充分的证据证明不核准追诉决定确有错误。依职权启动撤销程序的,由启动的检察机关行使自行侦查权,全面收集证据,必要时可协商同级侦查机关予以协助。依申请启动撤销程序的,申请人应提交身份证明材料和证明不核准追诉决定确有错误的线索材料,由受理的检察院进行初步核实,对材料有缺失或不全面的,根据情形由申请人补齐、检察机关自行侦查补充完善或商请侦查机关协助。

3. 通报义务。检察机关在掌握有新的证据证明原不予核准追诉决定确有错误,可能要启动撤销程序后,应将相关情况通报同级侦查机关,听取侦查机关的意见。

4. 审查决定。检察机关应另行指定承办人,通过查阅原案件材料、实地调查、听取相关人员意见等形式,对收集掌握证据材料的真实性进行全面审查,提出是否应撤销不核准追诉决定的审查意见。经检察委员会审议提出是否报请撤销不核准追诉的意见,制作报请撤销不核准追诉案件报告书,连同案卷材料一并层报有决定权的最高人民检察院。最高人民检察院审查后,作出是否撤销不核准追诉的决定,并制作(不)撤销不核准追诉决定书,逐级下达至最初报请的检察机关。

(三)撤销不核准追诉决定的法律后果

检察机关接到最高人民检察院作出的撤销不核准追诉决定书后,应送达同级侦查机关。检察机关和侦查机关应当对之前作出的法定不起诉或者撤销案件等终结性文书予以撤销。同时,侦查机关按照《公安机关办理刑事案件程序规定》第 190 条规定,以“公安机关撤销案件以后又发现新的事实或者证据”为由对原案重新启动,并依法对犯罪嫌疑人采取强制措施。按照刑事案件诉讼流程对案件侦查、审查起诉、提起公诉并作出生效裁判、执行。

刑事禁止令司法实践中存在的问题及完善的思考

——以江苏省T市两级法院食药环犯罪禁止令适用情况为例

钱　飞　徐　艳　费苍昊*

摘要：刑事禁止令出于特殊预防和改造目的，对被告人进行一定程度的约束，因此要求法官在充分判断后决定是否适用。在“食药环”犯罪中普遍规定了适用禁止令。从实践情况看，刑事禁止令尚未能全面、严格适用，被告人在“食药环”案件上特殊预防并未达到预期。“食药环”案件中应重视特殊预防情节证据的收集、质证、采信，并对人身危险性、职业状态和信用状态进行判断。判决禁止令时对食品犯罪按食品类型分类禁止，对药品犯罪最严禁止，对环境污染犯罪按人员分类禁止，同时灵活禁止令期限。加大禁止令判决的知晓度，针对适用禁止令错误等问题，明确救济途径。

关键词：刑事禁止令　食药环犯罪　保安处分　预防情节　人身危险性

《刑法修正案（八）》首次确定了刑事禁止令制度，对被判处管制和缓刑的罪犯，在刑罚执行期间，禁止从事特定活动，进入特定区域、场所、接触特定人。这项制度被学界和实务界认为是保安处分在中国的试金石。[①] 禁止令制度实施以来，取得了不错的效果，同时也存在一些问题。鉴于近年来食药环犯罪案件体量逐年递增，相关司法解释[②]中明确了禁止令的适用，本文将重点分析禁止令在这三类犯罪中适用状况及存在问题，样本选取的时间为T市两级法院2017年1月1日至2021年12月31日的裁判。

---

* 钱飞，江苏省泰州市海陵区人民检察院党组书记、检察长；徐艳，江苏省泰州市海陵区人民检察院党组成员、副检察长；费苍昊，江苏省泰州市委政法委科员。

① 参见张勇：《禁止令：我国保安处分的试金石》，载《检察日报》2011年7月18日，第6版。

② 如《关于办理危害食品安全刑事案件适用法律若干问题的解释》、《关于办理危害药品安全刑事案件适用法律若干问题的解释》、《关于办理环境污染刑事案件有关问题座谈会纪要》等。

一、食药环犯罪中刑事禁止令的实践概况与司法中存在问题

(一)实践概况

1. 从罪名上看,涉及食品、药品罪名比重最大。T 市两级法院依照适用禁止令涉及的罪名合计 23 个,排名前 5 的分别为生产、销售、提供假药罪、生产、销售有毒有害食品罪、污染环境罪、重大责任事故罪、生产、销售不符合安全标准的食品罪。食药环犯罪一审判决适用禁止令 352 人,其中因食品、药品犯罪被适用禁止令的罪犯 291 人,因环境污染适用禁止令 61 人。在时间上,2017 年到 2021 年呈递增趋势后的锐减,2017 年为 47 人,2018 年为 99 人,2019 年为 103 人,2020 年为 45 人,2021 年为 58 人,此现象与新冠肺炎疫情的影响相关,同时也反映出食药环安全在相关部门的重拳打击下,形势有所好转。

在食品药品犯罪中被告人为 T 市本地人员(单位)的 85 人,外地人员 206 人;以生产、销售食品、药品工作为唯一谋生手段的有 106 人,占比 36.4%;以上述工作为主要谋生手段的有 89 人,占比 30.6%;以上述工作为业余兼职的有 96 人,占比 33%。环境污染犯罪中为 T 市本地人员 39 人,其中企业法定代表人或实际控制人 6 人,企业高管或高科技人员 23 人;上述人员涉及企业 12 家。

2. 从判决地区上看,基层法院对于食药环禁止令适用各有偏重。以 T 市县级三市三区为例,三市判处禁止令的污染环境案件明显多于三区,沿江沿水地区明显多于其他地区,合计占全市总量的 70% 以上。一是三市工业化企业多于三区,违规排污发生率与其成正比;二是三市土地面积,特别是农村土地面积远高于三区,部分案件中明显可见选择三市农村异地倾倒工业垃圾的规律;三是涉及废水排放的企业中,废水不经处理以逃避监管的方式偷排的案例较多,而为满足逃避监管的需要,废水偷排大多以自来水稀释等手段通过暗管直接排入江河。

3. 从判决依据上看,很少刑事禁止令判决前有社会调查报告、经庭审质证或由检察院提起。检察机关提出适用禁止令 17 件 64 人,占比 18.2%,基本是在一审阶段提出量刑建议时以及二审抗诉时提出。判决中未见就禁止令适用进行论证和抗辩,也没有发现检察机关因为人民法院错误适用禁止令或者不适用禁止令而提出抗诉的情形,也未发现被告人对禁止令适用不当或证据不足而抗辩或上诉的案例,绝大多数被告人未对禁止令的适用提出过异议。

4. 从禁止的期限上看,禁止令的执行期限绝大多数都是与缓刑考验期重合。T 市两级法院在适用禁止令时,不论何种类型的食药环案件,不论刑期长短,都适用同样的期限,即与缓刑考验期一致,在数据样本中没有发现禁止令的期限短于上述期限的情况。

5. 从违反禁止令数量上看,数量不多。T 市两级法院以违反禁止令撤销缓刑 6 件 6 人。案件类型为食品安全犯罪 5 件 5 人,销售假冒注册商标 1 件 1 人,未发现违反药品安全、污染环境禁止令情形,而近五年因他原因撤销缓刑的人数则有 133 人。

(二)司法实践中存在的问题

1. 禁止令的判决较少说明依据。在352人次禁止令判决中未说明作出判决的事实、证据或其他依据,也未发现控辩双方就禁止令的适用展开质证。调查中发现侦查机关较少就围绕禁止令适用收集被告人个人经历、经营状况相关证据。

2. 禁止令判决内容针对性不强。“两高两部”《关于对判处管制、宣告缓刑的犯罪分子适用禁止令有关问题的规定(试行)》(以下简称《禁止令规定》)列举了禁止令的多项内容,需要法官结合具体案情来确定禁止令的内容。在危害食药安全犯罪的禁止令适用中,相关法律法规明确规定了禁止被告人从事食品或药品的生产、销售活动,内容比较清晰,判决中基本可以直接引用。但在环境污染犯罪中禁止令判决内容不够清晰明确,需要细化。在抽样的污染环境罪判决中均使用“禁止罪犯从事与排污有关的活动”、“禁止罪犯从事与固废处理有关的活动”等表述,存在内容不明确的问题。

3. 禁止令判决的救济程序尚不明确。对法院作出的刑罚判决,当事人不服的,可以采取上诉或者申请再审,上级法院也可以发回重审或直接改判。但因禁止令不属于刑罚,如果仅对禁止令存在异议,则上述救济途径不能适用。且单因禁止令而上诉,会影响管制刑或缓刑的生效,浪费大量的司法资源。实践中,T市在社区矫正检察监督中发现,有部分社区矫正对象提出禁止令时间过长,影响其就业生活的情形。

二、刑事禁止令的性质和适用

(一)刑事禁止令属于保安处分

刑事禁止令并非新刑种的增设,而属于保安处分。关于刑事禁止令的性质,曾经且至今仍然有以下几种不同认识:第一,它属于执行监管方式的革新。全国人大常委会法工委刑法室副主任臧铁伟明确指出,从业禁止的措施不是一个新的刑种,而是从预防犯罪、保障社会公众安全和维护社会公众利益的角度,采取的一项预防性措施。[①] 第二,它属于非刑罚的特殊法律后果。“两高两部”在就《禁止令规定》答记者问中指出:“从立法精神看,禁止令的主要目的在于强化对犯罪分子的有效监管,促进其教育矫正,防止其再次危害社会。”[②]第三,它属于预防性措施。李岚林认为,刑事禁止令是典型的风险刑法语境下为保障社会安全的刑事制裁体系中的预防性措施,在一定程度上反映了对行为人进行“矫正”和“社会防卫”的刑事实证学派的理论。通过适用刑事禁止令,隔断罪犯和可能诱发其再次犯罪的因素之间的联系,消除其再次犯罪的客观条件,防止其对被害人继续实施侵害,增加社会安全感,同时对罪犯开展有针对性的矫正,抑制其违法犯罪意念,将

---

① 参见《臧铁伟:“禁止从事相关职业三到五年”不是新刑种》,载人大新闻网,http://npc.people.com.cn/n/c14576-27531225.htm,最后访问日期:2022年8月12日。

② 《“两高两部”负责人就正确适用“禁止令相关规定”答问》,载凤凰网资讯,https://news.ifeng.com/c/7fZepVPK10y,最后访问日期:2022年8月12日。

其改造为合法公民。[①] 第四,它属于综合性处遇措施。李怀胜认为,禁止令的法律内容和禁止令的法律功能都体现出复合性特征。禁止令本身是行政措施与刑法措施的复合体,其直接法律功能是"管制执行"的绳索与"缓刑考验"的规则综合,间接功能则表现为刑罚执行或者缓刑考验期间的资格禁止。[②] 第五,它属于保安处分。张明楷认为,禁止令的适用不是刑罚的适用。适用禁止令是为了防卫社会,与特殊预防目的完全一致,属于广义的预防刑裁量。换言之,在责任刑之下裁量预防刑时,倘若宣告管制或者缓刑,就需要决定是否适用禁止令以及禁止的具体内容。[③]

笔者认为,刑事禁止令属于保安处分。在惩罚依据上,保安处分是以行为人未来的危险性或行为的严重性为基础,不同于刑罚以行为人之罪责为依据。正如维塞尔斯指出,处分,不与责任相连接,而是依据行为人的社会危害性。[④] 刑事禁止令正是对管制和缓刑分子,由法官通过对犯罪前、后,行为人所处的社会环境、家庭情况、职业状况等因素判断行为人犯罪的危险仍然存在,所做的判断是以行为人未来的危险性为依据。

从适用范围上看,保安处分体现的是对符合特定条件的人的特殊预防和特殊改造,刑事禁止令也仅对有再犯可能的小部分人适用,并不是对所有管制和缓刑分子适用。从实现手段上看,保安处分是针对满足相关要求的具体对象采取矫正、感化、医疗的手段,防止再犯罪发生的特殊措施。刑事禁止令,通过改善环境对适用对象进行矫正,隔绝一些可能再次引发犯罪可能性的娱乐场所,隔绝再次从事犯罪可能性的职业环境,隔绝再次影响他人的物理环境,最终实现感化改善的结果。

(二)刑事禁止令适用判断

1. 刑事禁止令的适用条件。刑事禁止令的适用对象是实施了犯罪并具有刑事不法行为、判处管制或者缓刑的行为人。适用基础在于犯罪人的人身危险性,我国刑法理论一致认为,人身危险性一般是指再犯可能性。认定再犯罪危险性大小的依据,包括两方面:一是犯罪人在罪前罪后的与犯罪行为有联系的表现,对此刑法理论上已经有较多的论述。[⑤] 犯罪事实本身就可以说明被告人再犯罪可能性大小,犯罪前的表现,犯罪后的态度等其他影响预防刑的情节,也能表明再犯罪可能性大小,当犯罪事实本身作为影响责任刑的情节对责任刑的裁量起到作用后,原则上就不应当作为影响预防性的情节发生作用,否则就是重复评价。[⑥] 二是犯罪人的人格、家庭及社会环境、职业状况等影响再犯罪危险性的因素。而且必须注意此处的人格不可能是行为人整体人格的全面内容,而仅仅

---

① 参见李岚林:《刑法典新增预防性措施之立法定位与规范建构》,载《刑法论丛》2019年第1卷。

② 转引自李岚林:《刑法典新增预防性措施之立法定位与规范建构》,载《刑法论丛》2019年第1卷。

③ 参见张明楷:《刑法学》(第六版),法律出版社2021年版,第821页。

④ 参见[德]约翰内斯·维塞尔斯:《德国刑法总论》,李昌珂译,法律出版社2008年版,第7页。

⑤ 参见高铭暄:《刑法学原理》(第三卷),中国人民大学出版社1994年版,第234页。

⑥ 参见张明楷:《论预防刑的裁量》,载《现代法学》2015年第1期。

是与犯罪有关联的,“行为并非单纯是人格的体现,而是人格与环境的相互作用中产生的东西。从这一点来看,人格全体并不一定总是与行为联系在一起,而且,人格全体并不一定总是与行为联系在一起,而且,国家不应该判断人格本身。既然目的在于以刑罚来防止犯罪,仅仅在与犯罪行为相互联系的限度内考虑个人的人格或性格就足够了”。[①]“食药环”犯罪,由于具备行业性、职业性、职务性的特征,因此再犯风险很高。适用禁止令,对于行为人在一定期限内限制或者剥夺从事相关职业资格或者减少接触原犯罪圈可能性,对于预防犯罪十分重要。

2.刑事禁止令与相关制度的适用区别。第一,刑事禁止令与前科从重制度。从法律效果上看,前科从重与刑事禁止令都加重了行为人的刑事责任,实现犯罪预防和社会防卫。前科作为前罪刑罚适用的后遗性效果,适用于所有因犯罪而被判处刑罚的犯罪人和所有犯罪类型而刑事禁止令适用于特定犯罪和特定的犯罪人。第二,刑事禁止令与从业禁止。禁止令的效力仅仅局限于管制和缓刑考验期间,并不涉及执行完毕之后的期间,而从业禁止刚好从刑罚执行完毕之日起产生实效,二者实际上可以起到互相补充、互相衔接的作用。[②] 在适用上,刑事禁止令与从业禁止令并和适用的,在刑罚执行或缓刑考验期限内全程适用;如果存在只判决从业禁止而未判决刑事禁止的,从业禁止期限当然及于管制和缓刑考验期限内,否则就会出现在管制期间和缓刑考验期限内可以从事相关职业,而在管制执行完毕和缓刑考验期结束后反而从业禁止的不合理现象。

三、食药环犯罪中禁止令适用实效化、规范化的实现路径

(一)规范食药环案件中适用禁止令的证据

1.侦查、起诉、审判阶段明确列举类型化证据。法官在“食药环”案件的裁量中既进行责任刑的判定,又进行预防刑的判定,为了让判决更加合理、精准,需要尽可能多地获得在案证据和相关情节,既要注意法定情节,也要注意酌定情节;既要注意案中情节,也要注意案外情节。比如,人身危险性证据、从事职业与生产经营的关联程度、个人信用证据、职业经营证据等,都是食药环犯罪区别于其他一般犯罪所要特别考虑的因素。

人身危险性证据包括行为人成长经历、经营过程、一贯表现、案发以后对犯罪的认识、退赃、赔偿的行为等,上述类型化的证据主要用于证明犯罪恶性大小与悔罪表现。个人信用证据主要反映行为人的信用情况,包括相关主管行政机关出具的行为人个人及密切相关人员所共同经营的企业、个体工商户的行政劣迹材料、银行信贷等;职业经营证据用于证明可能被禁止的行为是否为当事人特有的唯一专长、当事人有无其他谋生能力、

---

① [日]曾根威彦:《量刑基准》,载西原春夫主编:《日本刑事法的形成与特色》,李海东等译,法律出版社、成文堂1997年版,第143页。

② 参见李兰英、曾荣胜:《论从业禁止制度在公害犯罪中的适用》,载《厦门大学学报(哲学社会科学版)》2017年第1期。

家庭成员的经济和职业状况等,形成相对完备的信用与职业证据体系。

2. 在程序上明确禁止令证据的举证责任与运用原则。检察机关应当承担适用禁止令的举证责任,辩方承担不应适用的举证责任,但控辩双方均需对证据收集的合法性加以证明。

检察机关可根据案件情况,要求侦查机关和社区矫正机构调取涉及适用禁止令的相关证据,并进行调查评估,必要的时候也可以由检察机关自行补充侦查。调查评估着重于前文所述三种类型的证据事实。对于犯罪嫌疑人担任法人或实际控制的企业、实际经营的商户,可另出具企业或个体工商户信用调查报告,主要证明企业或个体工商户的组织与经营状况。

检察机关应当根据证据,结合认罪悔罪态度、行为的社会危害性及禁止性对其生产生活产生的影响大小,全面考虑禁止令适用的必要性。允许犯罪嫌疑人对禁止令适用提出不同意见。对于认为应当适用禁止令的人员,在认罪认罚具结阶段,充分听取值班律师或辩护人的意见,并明确告知被告人,不同意适用禁止令的,不影响"认罚"的认定。

法院审判阶段,法院也可以委托人民陪审员、基层社会组织调查或自行调查适用禁止令的相关证据,对于认罚禁止令的当事人在审判阶段反悔的,应当要求其提供新证据并进行审查,对于无法提供新证据的,应充分听取反悔的原因。庭审前,法庭可以针对控辩双方所提供的有关禁止令适用的证据或新的申请,指导举证、组织交换证据或展开证据排除工作。庭审中,进行质证,并就适用禁止令的合法性、合理性展开法庭调查和辩论,上述内容均需在庭审笔录中予以记录。如果检察机关不建议适用禁止令,在发表公诉意见时,也需阐明不建议适用的原因。

3. 禁止令适用判定方法。司法人员在判断时要先区分各种情节的性质,避免同一情节重复评价;同时还要分析各种情节在预防犯罪中所起的作用,综合判断被告人是否具有适用禁止令的必要性。

第一,判定人身危险性。危险性大小应从三个方面进行认定:一是量刑档次达到三年以上的,可认定为危险性较大,因为该量刑档次代表已造成了严重危害或后果,抑或有其他严重情形;二是非初犯偶犯三类犯罪的,或长时间实施三类犯罪行为,应当认定为恶性较大,危险性较大,对于"长时间"的认定,承办人可自由裁量,可以确定具体时间,也可以犯罪行为实施的时间占从业时间的比例来认定;三是对于犯罪的教唆者或者犯罪方法的传授者,应当认定为恶性较大,危险性较大,有必要适用禁止令。

第二,判定职业状态。不以禁止从事的行为为职业的犯罪分子,不建议对其适用禁止令。实践中发现,实施危害食品安全犯罪的人大多以该行为为职业,基本无其他谋生手段,有继续实施危害行为的可能性,因此有必要禁止被告人从事食品的生产经营行为。但在污染环境案件中,从事劳务性的活动与犯罪活动关联度不高,如仅是接单运输危险固废异地倾倒的货运司机的帮助行为,不必要适用禁止令。

第三,判定信用状态。对于以被禁止的行为为主要或唯一谋生手段的犯罪分子,如果其认罪悔罪态度较好,愿意承担损害修复赔偿责任,个人信用报告良好,本人或经营的企业、个体工商户没有被行政执法单位因食药品安全、环境污染被处罚过的劣迹,对其适用禁止令的社会效果并不理想的,可酌情不予适用禁止令。

(二)规范食药环案件中禁止令的具体内容和期限

1. 规范禁止令的内容。在对食品犯罪判定禁止令时,可按照食品种类来确定禁止性事项的范围。根据涉案情况、数据分析,食品犯罪中的涉案"食品"主要分为自产类食品(如自产自销的糕点、猪肉等);购销类食品(如不明渠道批发的小商品等);假药类食品(如含西布曲明的减肥药或壮阳药等)。因此,在对食品犯罪适用禁止令时,可以明确行为人禁止生产、销售自产类食品、购销类食品和假药类食品等相应品类。

在对药品犯罪判定禁止令时,要充分考虑药品的危险性。因药品安全事关人民群众生命健康,事关社会安全稳定大局,是重要的民生问题,必须最严格的监管、最严厉的处罚、最严肃的问责,建立科学完善的药品安全治理体系。对于药品犯罪中的禁止令事项,不应当区分品类,以有效震慑打击危害药品安全违法犯罪。

在对污染环境犯罪判定禁止令时,可根据主体身份确定禁止令内容。对于企业法定代表人、实际控制人以及高管,可以禁止其在当地政府污水处理企业名录外确定合作对象及自行处置;对于一般工人,则可以禁止其从事排污等工作。

2. 灵活禁止令的期限。禁止令的期限属于犯罪分子遵循禁止义务的法定期间,而管制执行期属于管制犯的刑罚执行期,缓刑考验期则是有关机关对缓刑犯的监督考察期,三者在性质上是有区别的。禁止令判定期限应当根据犯罪的情况以及犯罪人的人身危险性综合考虑,坚持比例性原则。如对于积极整改的企业、认罪悔罪态度好的犯罪人,禁止令的期限应以达到教育矫正的目的即可,无必要追求与管制执行、缓刑考验期相同。在具体表述中,应当表述为"禁止被告人某某某在×个月内禁止从事某某活动,禁止进入某某区域、场所,禁止接触某某人。禁止令期限从判决生效之日起计算。"而不能笼统写作"禁止被告人某某某在缓刑考验期或管制执行期内……"

(三)探索"食药环"案件禁止令的救济与行政衔接

1. 刑事禁止令的救济。因刑事禁止令不属于刑罚措施,被告人对禁止令提出异议时要区分情况。如仅对禁止令提出异议,因不符合诉讼法规定,上诉或者申请再审的救济途径不能再适用。但当新证据出现或是认为禁止令适用情形已消失时,可以允许当事人以书面的形式向上一级法院申请复议一次,上一级法院可以采取书面审的形式作出维持或改变的决定。上一级法院复议期间,不停止判决的执行,此复议程序也不受判决生效期限的影响,只要在禁止令执行期限内均可提出。当事人发现影响禁止令适用的关键证据系伪造的,也可以上述复议程序进行救济。

2. 增加刑事禁止令宣告的知晓度。进一步规范刑事禁止令的宣告制度,法院在相关案件判决后,应当将判决书同步告知社区矫正机构和相关行政部门。社区矫正机构收到禁止令的判决书后,严格按照社区矫正的有关规定,进一步明确刑事禁止令应当与社区矫正宣告一并进行,通知矫正小组成员、群众代表。对于判决禁止从事相关工作的,还应当通知相关市场监督管理部门、生态环境部门等,相关监管人员应当到场;禁止接触相关人员的,还应当通知相关人员所在的村民、居民委员会和网格员,加强对禁止令的监督。社区矫正部门要将禁止令监督执行情况定期与行政部门沟通,核实是否存在违反禁止令的情况,及时会商。同时可以借助政法大平台,将禁止令信息统一发布到平台,根据社区矫正规定,司法行政机关和公安、检察、法院可以就相关人员进行信息交换。

论贪污贿赂类洗钱行为的司法认定

明广超　闻梓安*

摘要:《刑法修正案(十一)》对洗钱罪的修正符合治理洗钱活动的现实要求,但尚未完全解决该罪法益定位不清晰、司法认定标准不统一的问题。回归到金融体系,洗钱罪的保护法益应当是市场交易中的货币流通安全,即货币流通不受犯罪所得及其收益进入的安全状态。在贪贿类洗钱行为的认定上,应以"违法性外观消除"为基本标准,将洗钱罪的客观行为限定于消除贪贿犯罪所得及其收益违法性外观的行为。在罪数认定上,贪贿犯罪的"自洗钱"应根据是否存在贪贿犯罪构成要件外的行为要素来认定罪数关系;"他洗钱"则应根据是否存在洗钱罪主观要素外的通谋内容来认定罪数关系。

关键词:洗钱罪　保护法益　货币流通安全　客观行为　罪数

一、问题的提出

贪污贿赂犯罪是洗钱活动的主要上游犯罪,洗钱罪与掩饰、隐瞒犯罪所得及其收益罪在罪状上都强调"掩饰、隐瞒"的行为方式特征,导致为贪贿犯罪转移、转换犯罪所得及其收益的行为,可能同时涉及两罪。由于洗钱罪保护法益定位的模糊,司法实践中对借户代存赃款、销售赃物、借名代持资产等贪贿类洗钱行为出现认定上的分歧。随着"自洗钱"入罪突破了洗钱罪既有的认定模式,如此分歧不仅会延续罪名适用的困境,还带来洗钱罪与上游贪贿犯罪的罪数处理疑难。有鉴于此,本文将以厘清洗钱罪的保护法益为切入,聚焦贪贿类洗钱犯罪的司法认定展开探讨,以期为优化洗钱罪的适用提供有益参考。

二、洗钱罪保护法益的定位选择

"刑法上的举止规范乃是服务于法益的保护。"①如不探寻刑法条文的法益保护目的

---

* 明广超,江苏省徐州市铜山区人民检察院党组书记、检察长;闻梓安,东南大学反腐败法治研究中心研究人员。

① [德]乌尔斯·金德霍伊泽尔:《刑法总论教科书》(第六版),蔡桂生译,北京大学出版社 2015 年版,第 23 页。

与精神,则无法在司法过程中实现法律的价值追求。因而,洗钱罪的规范解释,须以该罪的保护法益作为基本指导。

(一)洗钱罪保护法益的学理争议

关于洗钱罪的保护法益,理论上主要有"单一法益说"和"复合法益说"两大立场,"单一法益说"又可分为"司法活动说"和"金融秩序说"两种观点。

1."司法活动说"及其审视

"司法活动说"认为,洗钱罪本质上仍属于赃物犯罪的范畴,应从妨害司法活动的角度理解其法益定位。具体洗钱行为对金融安全的影响具有抽象性和不确定性,不能证成刑法规制的正当性,金融管理秩序不宜作为洗钱罪的法益。[①] 相对地,洗钱行为对司法活动的妨害是现实且直观的,所以该罪的保护法益只能是司法机关的职能活动。

然而,根据罪名在刑法中的体系位置确定其保护法益,是体系性解释的基本要求,洗钱罪规定于"破坏金融管理秩序罪"一节,表明该罪保护法益应当包含金融管理秩序的内容,"司法活动说"对此不能给予有效回应。同时,金融安全的危害是由洗钱行为积累实现的,即使个别行为的影响难以具象和量化,这种影响仍是现实存在的。"司法活动说"暗含着将"诱发现实的金融危机"作为危害金融安全的结果预设,以之证否洗钱行为的法益侵害性,混淆了社会整体评价与个别评价的不同维度。

2."金融秩序说"及其审视

"金融秩序说"认为,洗钱罪的保护法益仅限于金融管理秩序。一方面,洗钱行为一般是通过金融机构业务活动进行的,破坏了金融业务的合法性和纯洁性,影响了金融市场的健康发展。作为前置法的《反洗钱法》也明确了其立法目的是"预防洗钱活动,维护金融秩序,遏制洗钱犯罪及相关犯罪",提示了该罪规制范围限于金融领域。[②] 另一方面,若认为该罪同时保护司法机关的职能活动,会使该罪与掩饰、隐瞒犯罪所得及其收益罪发生不必要的重叠。将该罪保护法益限于金融管理秩序并不会放纵犯罪,对不构成该罪的洗钱行为也能以掩饰、隐瞒犯罪所得及其收益罪论处。[③]

"金融秩序说"避免了"司法活动说"的问题,可在自洽性证成上仍有欠缺。其一,该说认为洗钱罪保护的金融管理秩序就是金融机构业务活动的秩序,但该罪法条列示的行为方式包括非金融业务领域的交易、兑付、转移行为,仅将金融管理秩序归于金融业务层面显然失于狭窄。其二,作为超个人法益的金融管理秩序,须是与个体利益相联系的实在的社会生活利益,该说未能充分揭示这一法益内在蕴含的利益要素,对金融管理秩序的定义过于抽象。其三,法益内容的抽象化更可能使"破坏金融管理秩序"的判断标准变

---

① 参见李云飞:《宏观与微观视角下洗钱罪侵害法益的解答——评金融管理秩序说的方法论错误》,载《政治与法律》2013 年第 12 期。

② 参见刘宪权:《金融犯罪刑法学原理》(第二版),上海人民出版社 2020 年版,第 435 - 437 页。

③ 参见张明楷:《刑法学》(第六版),法律出版社 2021 年版,第 1020 页。

得宽泛,从而无法明晰洗钱罪的处罚范围。

3.“复合法益说”及其审视

“复合法益说”认为,洗钱罪的保护法益涵盖国家金融管理秩序和司法机关的正常活动。该罪在刑法中的体系定位表明,金融管理秩序是该罪的主要保护法益;同时,洗钱行为体现出妨害刑事追诉活动的赃物犯罪特性,故该罪的保护法益也包含司法机关的职能活动。

“复合法益说”是理论界的通说,遗憾的是,与“金融秩序说”一样,支持该说的论者也多是从金融机构和金融业务的层面定义金融管理秩序法益的内容,对此法益的理解同样具有抽象性的不足,难以发挥指导该罪规范解释的作用。

(二)“流通安全说”之倡导

上述各说均存在不足,无法激活法益的解释规制机能。对此,应回归到金融体系之下,重新定位洗钱罪的法益。

货币是金融活动的本源性要素,货币的有序流通是社会经济运行的重要依靠。[①] 市场经济中的货币流通过程,既包括金融市场领域的存款、债券、股票等形式的货币融通行为,也包括非金融业务领域的商品买卖、生产投资、财物租借等经济活动中的货币收支行为。一般认为,洗钱行为的目的是将上游犯罪所得及其收益经转移、转换后掩盖其赃款、赃物的外观,从而逃避被追查的法律后果,自由进入市场交易中。由于犯罪所得及其收益不适用民法上的善意取得制度,若放任其进入市场交易中,一旦由司法机关采取冻结、追缴、没收等措施,便会引起损害第三人货币资金安全及其他权益的危险。如此危险也将动摇各方主体对交易安全性、有序性的信赖与期待,破坏货币流通的重要基础,削弱其保障和促进经济运行的作用。[②] 从更宏观的视角看,洗钱活动还将影响国家金融体系的货币流动性,存在诱发金融危机的可能,威胁金融安全与稳定。因此,禁止犯罪所得及其收益进入货币流通的安全状态,既与个体的经济权益紧密相关,也是市场主体信赖利益和国家金融安全的直接体现,具有集体法益的性质。

正是在此意义上,洗钱罪的保护法益应定位于金融管理秩序下的货币流通安全,即市场经济中的货币流通过程不受犯罪所得及其收益非法进入的安全状态。货币流通安全的集体法益性质决定了,对其保护应具有前置性的特点,不能待到危险成为现实损害时才发动刑法,故货币流通安全法益是否受到侵害的判断标准,应确定为是否引起了犯罪所得及其收益进入货币流通过程的现实可能性。

相较于前述各说,“流通安全说”克服了洗钱罪的法益内容定义不清晰、不全面的短板,可以为洗钱罪客观行为的认定及罪数的处理提供指导。

---

① 参见曹龙骐主编:《金融学》(第六版),高等教育出版社 2019 年版,第 11 页。

② 参见张明楷:《洗钱罪的保护法益》,载《法学》2022 年第 5 期。

三、贪贿类洗钱罪的客观行为认定

当贪贿犯罪的赃款、赃物进入了货币流通过程，即危害了货币流通安全法益，但构成要件不是对“被类型化的法益”的侵害，而是“被类型化的法益侵害”，[①]并非任何危害货币流通安全的行为都构成洗钱罪，仍须以实质当罚性为考量确立一定的认定标准，将该罪的客观行为限缩于确有必要动用刑罚的行为。

（一）洗钱罪客观行为认定的一般标准

围绕洗钱罪客观行为的认定标准，司法实务中存在“赃物处置说”和“收益转化说”的争议，罪名适用的分歧由此引起。“赃物处置说”认为，随着立法上将非金融业务领域的转移、转换行为纳入洗钱罪的行为方式，该罪与掩饰、隐瞒犯罪所得及其收益罪在客观行为方面是一致的，即维持上游犯罪所形成的赃款、赃物的违法状态。[②] “收益转化说”则认为，两罪法条表述的区别就已表明两罪的行为方式有所差异，洗钱罪需要行为人借助类似汇转、交易、兑换等过程来实现对犯罪所得及其收益的转化，无关资金形式转化的行为不构成洗钱罪。[③] 然而，上述两种观点均有不足。“赃物处置说”导致洗钱罪的客观行为范围过于宽泛，未危害货币流通安全的行为也可能被认定为洗钱罪。“收益转化说”为限缩客观行为的范围进行了有益尝试，但不能说明为何在境内运输、邮寄赃款和赃物不构成洗钱罪，而跨境转移资产的此类行为却构成该罪。

从保护货币流通安全的角度，应当以犯罪所得及收益的“违法性外观消除”作为洗钱罪行为认定的一般标准。刑法的谦抑主义原则要求，只在其他法律难以充分保护法益时，刑法才具有介入的必要性。在以《反洗钱法》为核心的反洗钱制度框架下，基于身份识别、尽职调查、交易报告等反洗钱技术的发展，上游犯罪的赃款、赃物未经消除违法性外观就进入市场交易的，通过特定机构识别并对其采取过程监控、信息调查和交易限制等措施，即可防止其继续发生交易活动，危害流通安全。但若上游犯罪所得及收益消除了其违法性外观，即切断了与上游犯罪的关联，特定机构无法识别出进入货币流通的赃款、赃物，导致相应的反洗钱措施不能发挥作用，此时仅靠《反洗钱法》等前置法规范未能有效保护货币流通安全，需要刑法及时介入。因此，洗钱罪客观行为认定的一般标准应确定为犯罪所得及其收益的违法性外观消除。具体而言，“违法性外观消除”可以分为消除犯罪所得及其收益持有人的主体外观和消除犯罪所得及其收益流通过程的客体外观两种情形，前者指向将赃款、赃物伪装成他人财产，掩饰、隐瞒其持有人真实身份的行为，

---

① 参见［日］平野龙一：《刑法的基础》，黎宏译，中国政法大学出版社 2016 年版，第 164 页。

② 参见刘为波：《〈关于审理洗钱等刑事案件具体应用法律若干问题的解释〉的理解与适用》，载《人民司法》2009 年第 23 期。

③ 参见曹东方：《姜某掩饰、隐瞒犯罪所得案——如何区分掩饰、隐瞒犯罪所得罪与洗钱罪》，载中华人民共和国最高人民法院刑事审判第一、二、三、四、五庭主办：《刑事审判参考》（总第 104 集），法律出版社 2016 年版，第 69－73 页。

后者指向伪装赃款、赃物的流通过程，掩饰、隐瞒其真实来源的行为。

（二）贪贿类洗钱行为认定的类型化展开

基于“违法性外观消除”的判断标准，可以对贪贿类犯罪的下游洗钱行为进行如下具体认定。

1. 收存赃款行为的认定

从法律外观上看，提供、利用资金账户收存赃款的行为，可以分为以贪贿犯罪本犯名义的账户收存和以非本犯名义的账户收存两种类型。为贪贿行为人提供其本人名义账户的，及贪贿行为人利用本人名义账户收存赃款的，没有掩饰、隐瞒赃款的真实持有人，不是洗钱罪的客观行为。

实践中存在争议的是以非本犯名义的账户代存赃款的行为如何认定。有意见认为，这类借户代存行为只是帮助贪贿犯罪形成对赃款的控制、占有状态，未让其进入市场流通过程，没有破坏金融管理秩序，不构成洗钱罪，而是掩饰、隐瞒犯罪所得及其收益罪，例如：

> **【案例 1】黎某提供代存账户案**①——黎某明知国家工作人员刘某某欲实施贪贿犯罪，仍将自己名下的银行账户提供给刘某某，多次代其收存受贿款和贪污所得公款。经审理，黎某被判决犯掩饰、隐瞒犯罪所得罪。

也有意见认为，此类行为已经符合洗钱罪“提供资金账户”和“掩饰、隐瞒犯罪所得及其收益的来源和性质”的语义内涵，应当认定为洗钱罪，例如：

> **【案例 2】葛某某提供代存账户案**②——葛某某明知国家工作人员吴某欲使用他人名义账户收受贿赂，先后以自己名义开设两张银行卡供吴某受贿使用。经审理，葛某某上述行为被判决犯洗钱罪。

基于前述判断标准，后一意见更为合理，但理由需进一步明确。利用非本犯名义的账户收存赃款，使赃款伪装成他人名下财产，消除了犯罪所得及其收益持有人的主体外观，且资金账户的支付结算功能使赃款具有直接进入货币流通的现实可能性。因此，为贪贿犯罪提供非本犯名义账户的，及贪贿行为人利用非本人名义账户收存赃款的，应认定为洗钱罪。

2. 销售赃物行为的认定

对销售贪贿所得赃物变现的情形，司法认定上亦有争议。有意见认为，销赃作为掩饰、隐瞒犯罪所得及其收益罪的罪状之一已经表明，其只是对赃物的物理性处置，而非掩饰、隐匿其来源和性质，不是洗钱罪的客观行为，例如：

---

① 参见湖南省岳阳市屈原管理区人民法院（2020）湘 0691 刑初 80 号刑事判决书。

② 参见湖北省恩施土家族苗族自治州中级人民法院（2020）鄂 28 刑终 91 号刑事判决书。

【案例3】李某某销赃案①——国家工作人员芦某利用职务便利多次将其负责管理的公用物资交由李某某变卖,李某某明知物资系贪污所得,仍予以变卖并将所得钱款交给芦某。经审理,李某某被判决犯掩饰、隐瞒犯罪所得罪。

也有意见认为,销赃行为并未超出“将财产转换为现金”这一行为方式的语义射程,也是洗钱罪的客观行为,例如:

【案例4】吴某销赃案②——国家工作人员叶某利用职务便利收受他人金条、香烟等财物,并要求吴某将财物转卖变现。吴某明知财物系受贿所得,仍协助变卖财物并将所得钱款交给叶某。经审理,吴某被判决犯洗钱罪。

现金的一般等价物属性决定了其不仅在市场交易中具有普遍的可接受性和高度的流动性,还会随流通过程而改变其权益外观,切断与贪贿犯罪的关联。销售赃物变现的行为,既让赃物进入市场交易的流通过程中,又转化了犯罪所得及其收益的形态,引起了消除其主体外观的现实可能性,因而无论是贪贿行为人自行销赃变现,还是经由他人销赃变现,都应认定为洗钱罪。

3. 物理性转移资产行为的认定

运输、邮寄等物理性转移赃款、赃物的行为,包括在境内转移和跨境转移两种情形。尽管国际反洗钱合作已取得积极成效,由于各国家、地区之间的反洗钱体系仍存在信息不对称和协作滞后的局限,贪贿犯罪所得及其收益一经流向境外,其与在境内实施的贪贿行为的联系便无法及时显现,反洗钱措施无法有效防止其进入市场交易的货币流通中,故物理性跨境转移赃款、赃物的,属于洗钱罪的客观行为。

司法实践中争议较大的是,在境内物理性转移赃款、赃物的,是不是“以其他方法掩饰、隐瞒犯罪所得及其收益的来源和性质”的洗钱行为。有意见认为,在境内的转移行为具有与跨境转移相当的法益侵害性,也构成洗钱罪,例如:

【案例5】郭某甲、郭某乙转移资产案③——郭某甲、郭某乙明知受贿人郭某某在住宅中藏有受贿所得赃款、赃物,仍到该住宅中将赃款、赃物搬运至其他地点藏匿。经审理,二人被判决犯洗钱罪。

另有意见认为,此类行为没有“漂白”赃款、赃物的来源或性质的作用,与洗钱罪法条列示的其他行为方式没有相当性,不能认定为洗钱罪,例如:

【案例6】赵某某转移资产案④——国家工作人员史某害怕受贿行为被发

① 参见(2019)辽0304刑初79号刑事判决书。
② 参见(2020)浙0324刑初592号刑事判决书。
③ 参见(2021)鲁0305刑初465号刑事判决书。
④ 参见(2020)皖1221刑初461号刑事判决书。

现,指使赵某某把收受的贿物先后运到不同地点藏匿。经审理,赵某某被判决犯掩饰、隐瞒犯罪所得罪。

应当认为,仅在境内物理性转移赃款、赃物的,既未消除赃款、赃物的违法性外观,也没有造成贪贿犯罪所得及其收益进入货币流通过程的现实危险,不存在洗钱罪要求的法益侵害特征,不能构成该罪。

4. 借名代持资产行为的认定

司法解释将"通过虚构交易等方式将犯罪所得及其收益转换为合法财物"明确为洗钱罪的行为类型,实践中争议较大的是,为贪贿行为人以非其本人名义使用赃款购置和代持车辆、不动产等资产的行为,能否认定为洗钱罪。有意见认为,借名代持行为只是代为保管、藏匿赃款、赃物,是对犯罪所得及其收益本身而非其来源或性质的掩饰、隐瞒,不构成洗钱罪,例如:

【案例7】周某某代持案①——周某某明知国家工作人员周某收受贿赂,仍以本人或他人名义为其使用受贿款购置并持有房产、车辆。经审理,周某某上述行为被判决犯掩饰、隐瞒犯罪所得及其收益罪。

也有意见认为,借名代持行为通过虚构交易主体使犯罪所得及其收益转换为外观合法的形式,是洗钱罪的客观行为,例如:

【案例8】张某某代持案②——张某某明知国家工作人员王某收受贿赂,仍协助使用受贿钱款购置车辆、房产并登记在他人名下。经审理,张某某被判决犯洗钱罪。

从"违法性外观消除"角度看,后一意见的结论是正确的。贪贿行为人以他人名义代持资产,既是对犯罪所得及其收益持有人真实身份的伪装,消除了犯罪所得及其收益的主体外观,又借由货币资金的支付使赃款进入了货币流通中,应认定为构成洗钱罪。

四、贪贿类洗钱罪的罪数认定

罪数判断的实质是检视行为内容与犯罪构成要件之间是否相符。洗钱罪客观行为认定的具体展开,为罪数问题的解决奠定了基础。

(一)"自洗钱"的罪数认定

当行为人在实施贪贿行为后又洗钱的,应以贪污贿赂犯罪和洗钱罪并罚,但实践中不乏出现一行为同时构成贪贿犯罪与"自洗钱"犯罪,涉及想象竞合的情形,例如:行贿人按受贿人要求,直接将贿款汇往他人名义账户或境外账户的,此时受贿人可能成立受贿

① 参见(2021)湘07刑终108号刑事裁定书。

② 参见(2020)桂0503刑初270号刑事判决书。

罪与洗钱罪的想象竞合;国家工作人员在贪污过程中,直接将公款汇转到他人名义账户或境外账户的,此时该国家工作人员可能成立贪污罪与洗钱罪的想象竞合。

想象竞合的实质是行为人以同一行为实现了数罪名的构成要件。判断贪贿过程中的"自洗钱"行为是否成立贪贿犯罪与洗钱罪的竞合,核心在于考察两罪在构成要件层面评价的行为要素是否有同一性,具体而言,"自洗钱"行为是否存在贪贿犯罪构成要件以外的内容要素。

在受贿犯罪中,构成要件层面包含了对收受贿赂行为的评价,依受贿人要求向第三人交付贿赂的也属收受行为。于是,如前引案例 1 黎某案、案例 2 葛某某案,使用非受贿人本人名义账户收取贿款的同一行为要素,既构成洗钱罪,又是受贿罪的收受行为,属于想象竞合犯。但行贿人按照受贿人的要求,将贿款汇转至其名下境外账户的,赃款被跨境转移的行为要素内容并未纳入受贿犯罪的构成要件层面进行评价,仍应认定为独立的"自洗钱"犯罪,与受贿犯罪并罚。

在贪污罪中,构成要件层面要求贪污行为人为非法占有公共财物采取了侵吞、骗取等特定手段行为。若贪污行为人将公款汇转到他人名义的账户或境外账户,是为取得公款所采取的侵吞、骗取手段,则这一行为既构成洗钱罪,又是贪污罪的特定手段行为,属于想象竞合犯。反之,若汇转公款到他人名义账户或境外账户不是侵吞、骗取手段的组成部分,则使用他人名义账户收取赃款、跨境转移赃款的行为要素内容仍应独立构成洗钱罪,与贪污罪并罚。

(二)"他洗钱"的罪数认定

在贪贿类"他洗钱"中,对贪贿犯罪所得及其收益来源和性质的主观明知要素表明,"他洗钱"行为人与贪贿行为人存在特定的意思互动,而意思互动又符合帮助犯的基本特征,所以"他洗钱"的罪数认定,关键在如何理解洗钱罪与贪贿犯罪两项罪名之间的交织关系。

1."事后帮助犯"立场的困境

在洗钱罪立法修正前,通说认为,"他洗钱"的实质是贪贿犯罪的事后帮助犯,认定"他洗钱"行为的性质,关键是意思互动与贪贿实行行为的时间顺序。若"他洗钱"的意思互动发生在贪贿犯罪的实行行为之前,则认为"他洗钱"通谋为实行行为提供了心理帮助作用,是贪贿犯罪的共犯;相反,若意思互动发生于实行行为后,"他洗钱"没有鼓励和促进实行行为,只是在贪贿犯罪既遂后维持其违法财产状态,应认定为独立的洗钱罪。

如此观点既未正确把握洗钱罪的本质,又错误理解了帮助犯的规范内涵。将"他洗钱"按通谋时间界分罪名,忽视了洗钱行为对货币流通安全的危害;同时,作为帮助犯的故意应当包含对正犯行为不法内容的基本认识,产生心理的帮助作用不能直接等同于成立帮助犯,仅关注"他洗钱"的通谋时间而不评价其内容,无疑会引起共犯认定逻辑的混乱。

2."他洗钱"罪数认定的展开

洗钱行为区别于贪贿行为的法益侵害内容,决定了不论"他洗钱"的通谋时间是贪贿行为事前还是事后,都应独立认定为构成洗钱罪。因此,"他洗钱"的罪数认定问题,就回归为是否在洗钱罪的构成要件要素之外,存在能认定为贪贿犯罪共犯的其他行为要素内容。基于"他洗钱"的通谋内容,罪数认定可分为两种情形:一种情形是"他洗钱"只就洗钱行为进行通谋的情形,如前引案例2葛某某案、案例4吴某案,贪贿行为人让不参与贪贿犯罪的第三人以提供代存账户、协助销赃等形式洗钱的。即使通谋发生于贪贿行为前,洗钱行为人也并没有关于贪贿行为基本内容的认识,没有帮助贪贿正犯的故意,不成立贪贿犯罪共犯,只能成立洗钱罪一罪。贪贿行为人实施贪贿犯罪,又利用第三人行为洗钱,应认定为洗钱罪的共同犯罪与贪贿犯罪两罪并罚。另一种情形是"他洗钱"同时就贪贿行为和洗钱行为进行通谋的情形,如贪贿行为人与第三人通谋,以提供账户合作骗取、代为收贿等"他洗钱"形式共同实施贪贿犯罪的,或受贿人与行贿人通谋,让其帮助洗钱的。"他洗钱"行为人基于通谋形成了帮助贪贿正犯的主观故意,也为贪贿行为提供了心理帮助,成立贪贿犯罪的共犯。此时,第三人的心理帮助作用与帮助故意未在洗钱罪构成要件中得到评价,不存在竞合关系,与贪贿行为人都构成贪贿犯罪与洗钱罪两罪的共同犯罪。为受贿人洗钱的行贿人,其心理帮助作用与帮助故意已经容纳在行贿—受贿的对向犯关系中评价,不再成立受贿犯罪的共犯,而应认定行贿犯罪与洗钱罪两罪并罚。

五、结语

洗钱罪的立法修正有力回应了反洗钱工作的新形势,开创了治理洗钱犯罪的新局面,也衍生出理论层面和实践层面的新问题、新挑战。为充分发挥该罪打击洗钱活动的积极作用,应全面把握遏制洗钱犯罪的政策导向、实践效果和理论发展,提升刑事手段打击洗钱的司法力度和治理水平。

完善控辩协商机制的构想

谢亮亮[*]

摘要:在我国,控辩协商是认罪认罚从宽制度完善和发展的产物,意在国家权力与被追诉人之间建立对话合作机制,缓解双方的对抗关系,属于全新的司法范式。在唯物主义认识论的哲学传统和“实事求是”的政治传统下,控辩协商势必要在追求效率价值的同时兼顾实质真实。然而,实践中,控辩协商保障机制中,协商存在片面化,法官对被追诉人认罪认罚意思表示审查滞后化,值班律师参与形式化。从控辩审三个角度完善之策在于:严格事实基础的审查以保障真实性;充分的具结考虑时间以保障自愿性;值班律师的分类参与以保障明智性;对协商过程加强司法控制。

关键词:控辩协商　自愿性　明智性　真实性

一、控辩协商的基础和条件

控辩协商是协商性司法的典范,是以效率作为主流追求和价值导向的全新司法范式,在刑事处理方面,给控辩双方留有一定“协商空间”的案件处理模式。[①] 控辩协商是认罪认罚从宽制度的重要组成部分,决定着认罪认罚从宽制度的适用结果,甚至有学者认为控辩协商是认罪认罚从宽制度改革最大的贡献之一。[②] 随着认罪认罚从宽制度改革的深化,控辩协商的存在基础也越发明显:一是控方拥有量刑建议权,且提出的量刑建议一般会得到法院的尊重;二是被追诉人拥有参与协商的保障;三是有符合证明标准的事实基础。

(一)控方的量刑建议权

量刑建议是指检察院对于被提起公诉的被告人,依法就其适用的刑罚种类、幅度及

* 谢亮亮,江苏省扬州市广陵区人民检察院检察官助理。

① 参见魏晓娜:《背叛程序正义:协商性刑事司法研究》,法律出版社2014年版,第13页。

② 参见郭志媛:《认罪认罚从宽制度的理论解析与改革前瞻》,载《法律适用》2017年第19期。

执行方式等向法院提出的建议。量刑建议权来源于公诉权，虽然量刑建议的效力仅限于程序性，对法院不具有拘束力，但2018年《刑事诉讼法》要求审判机关对认罪认罚案件的量刑建议"一般应当采纳"，赋予了认罪认罚条件下量刑的确定性、可预期性。

控方在参与控辩协商过程中，有分量的量刑建议权以及选择认罪认罚最高30%的从宽幅度，是被追诉人积极配合协商的永恒动力。① 控方不仅要负担公正追诉职权，还需要对协商中的量刑承诺负责，参与协商的被追诉人有理由期望量刑承诺得到兑现，这种情况下，量刑建议权不仅是控方参与控辩协商的前提，更涉及控方公信力的树立。② 以"确定刑为原则，幅度刑为例外"的量刑建议，使犯罪嫌疑人对刑罚具有明确的预期，并决定是否接受协商结果。

（二）被追诉人的协商保障

其一，充分的诉讼权利。被追诉人在享有充分的诉讼权利的前提下，可以选择有利于减轻司法负担的方式行使或放弃部分于己不重要的诉讼权利，以此作为控辩协商的基础来换取特定的实体或程序利益。被追诉人有权在处于自由意志未受到明显不当侵害，以及对认罪认罚的法律含义和法律后果有充分理解的情况下，自主决定是否认罪认罚，这是被追诉人的一项重要诉讼权利。另外，基于简化诉讼程序的正当性逻辑，③认罪认罚的被追诉人具有选择适用速裁或简易程序的权利，因而增加了协商空间。

其二，制度适用的鼓励效能。认罪认罚从宽制度推行初期，为确保该制度的顺利推行，提升办案人员办理案件过程中认罪认罚从宽制度的适用意愿，最高人民检察院将认罪认罚从宽制度适用率、确定性量刑建议提出率等作为各级检察机关的重要考核指标，这在一方面提升了办案人员认罪认罚从宽制度适用动力的同时，另一方面也增加了被追诉人进行协商的保障。认罪认罚从宽制度能否顺利适用，需要办案人员与被追诉人双方主体的积极参与，如果被追诉人认为量刑结果不符合自己的预期，可以提出拒绝签署具结书，以此作为继续协商的筹码。对被追诉人拒绝签署认罪认罚具结书的，办案人员因考虑适用率指标，会继续调整量刑建议，积极促成认罪认罚从宽制度的适用。

（三）符合证明标准的事实基础

在我国刑事诉讼语境下，实质真实是我国的司法传统，基于唯物主义认识论的哲学传统以及"实事求是"政治传统，法院对案件事实真相负有最终查明的义务。④ "证据裁判原则"作为刑事诉讼制度的基本原则在有关司法解释中予以规定。无论认罪认罚与否，"事实清楚，证据确实充分"的证明标准不能降低，控辩协商必须以充分的事实基础为

---

① 参见陈瑞华：《刑事诉讼的公力合作模式——量刑协商制度在中国的兴起》，载《法学论坛》2019年第4期。

② 参见张青：《论检察机关量刑建议的必要性——以协商性司法为视角》，载《云南大学学报》2011年第4期。

③ 参见熊秋红：《刑事简易速裁程序之权利保障与体系化建构》，载《人民检察》2014年第17期。

④ 参见蔡元培：《从控辩协商走向辩审协商：我国认罪协商制度之反思》，载《大连理工大学学报（社会科学版）》2019年第2期。

前提,在有限度的范围内开展。超越限度的协商将导致冤假错案或被告人权利受损的风险隐患。

二、控辩协商中存在的问题

(一)协商关系的片面性

我国目前控辩协商机制属于"确认核准模式",欠缺应有的交互性,检察官主导着协商过程并掌握着决断权,被追诉人处于相对被动的地位。[①] 协商本质属于一种控辩合意,意在就认罪和量刑上达成一致意见,虽带有一定的协商成分,却非完整意义的控辩协商,只是控方的单方邀约与辩方做出同意的表示。[②] 就结果而言,检察机关单方提出特定的从宽量刑建议后,辩方自行选择接受与否,不接受的后果就是从宽幅度的收回,案件也不再进行认罪认罚的具结。所以导致部分认罪认罚案件中,被追诉人并未实质参与量刑协商的过程,仅仅是对控方提出的量刑建议作出被动接受的意思表示,并当场签署认罪认罚具结书,甚至缺乏充分考虑的时间。

控辩双方实质性开展对话磋商的情形尤为少见,毋宁说控辩双方相互理解和妥协达成量刑结果。[③] 甚至在一些案件中,检察官主动引导被追诉人发表对量刑的意见,并明确表示量刑可以协商,如果有正当意见,可以适当调整,但是被追诉人在审讯场合的威慑氛围下精神高度紧张,怯于发表意见。有时被追诉人因为欠缺法律知识基础,提出的意见大大突破法定幅度区间或者控方的裁量幅度区间,且说理也欠缺法律上的说服力,因而不被控方接受。如笔者参与办理的一起危险驾驶案,犯罪嫌疑人酒后驾驶机动车,与路牙发生撞击,出现轻微交通事故后,主动报警,交警赶往现场后,在问其有无饮酒情形时,犯罪嫌疑人主动交代,随后被带走医院抽血检测,酒精含量 250mg/100ml,属于严重的醉酒驾车情形。在该案的控辩协商环节,控方综合考虑自首、认罪认罚、酒精含量等情形,提出拘役三个月并处罚金三千元的量刑建议,犯罪嫌疑人表示完全无法接受这一处罚结果,认为自己主动报警,应该不予处罚,最多只能接受拘役一个月的量刑。这一意见并未被控方采纳,并告知不认罚的后果是更重的量刑,最后犯罪嫌疑人利弊权衡予以接受。

协商需要双方参与交往,交往意味着合理性,因为只有符合与至少另一人达成相互理解的必要条件,结果才是合理的。控辩协商只有赋予被追诉人主体地位和相应的自主权利,改善其在刑事诉讼中的被动和屈从,才能真正促进控辩双方在动态交互沟通的基础上,对刑事后果达成共识,以对话的形式促进刑事冲突的解决,缓解国家权力和被追诉人个人权利之间的紧张抵抗关系,以实现效率的提升,法治的进步。

---

① 参见吴思远:《我国控辩协商模式的困境及转型——由"确认核准模式"转向"商谈审查模式"》,载《中国刑事法杂志》2020 年第 1 期。

② 参见陈卫东:《认罪认罚从宽制度的理论问题再探讨》,载《环球法律评论》2020 年第 2 期。

③ 参见吴思远:《论协商性司法的价值立场》,载《当代法学》2018 年第 2 期。

（二）法院审查滞后化

认罪认罚案件中，法院审查义务主要在于对被告人认罪认罚的自愿性、真实性、明智性的审查。然而，审查机制不够严格，审查方式不够成熟，程序的简化，庭审时间的缩短，对办案效率的追求，导致审查不够细致深入，庭审存在走过场的现象。事实上，被告人认罪认罚自愿性、明智性、真实性需要结合控辩协商现场情形多方判断，但法官角色游离于控辩协商之外，没有参与或介入协商的途径，而事后的审查缺乏亲历性，导致法官缺乏有效手段审查被告人认罪认罚的自愿性、明智性、真实性。

虽然各地都出台控辩协商同步录音录像制度，要求控辩协商过程全程同步录音录像，使协商过程有迹可查，但对同步录音录像的审查并不是绝对的，认罪认罚案件同步录音录像会随案移送至法院接受审查的还比较少。同步录音录像的主要作用在于促进控辩协商过程的规范进行，规范检察人员在协商过程中的言行举止，而非作为法院审查认罪认罚自愿性、明智性、真实性的依据。另外，同步录音录像虽然实现了控辩协商的全程留痕，在一定程度上规范了协商过程，但也消耗了大量司法资源，拖累了司法效率，背离了认罪认罚从宽制度的初衷。

如果法院对认罪认罚案件定罪量刑的关注仍停留在起诉环节，则会形成“起诉中心主义”，与审判中心主义改革的核心要求相悖。[①]《刑事诉讼法》第 201 条规定，对于认罪认罚案件，法院一般应当采纳检察院指控的罪名和量刑建议，意味着认罪认罚案件定罪量刑的实质环节事实上有转移到起诉阶段的迹象，结果就是一方面控方在控辩协商中的协商筹码得到加强，另一方面量刑主动权从法官手中转移至检察官手中。

（三）值班律师参与形式化

2018 年《刑事诉讼法》修改正式明确了值班律师制度，并规定了值班律师的一系列职权，如提供法律帮助、认罪认罚具结见证、发表意见等。实践中，轮班制的值班律师，与自聘的辩护律师和法律援助律师相比，过手案件多，工作量大，对个案了解不深入，缺乏一贯性，案件周转时间短，[②]导致值班律师在诉讼程序中“角色边缘化”“见证人化”。如某市某区，由于值班律师数量有限，只有每周二、周四有一名值班律师为当日所有的认罪认罚案件提供具结见证，平均每个案件用时不超过十分钟，2020 年 7 月至 2021 年 7 月，该区 6 名值班律师提供值班 106 次，为约 740 名需要认罪认罚控辩协商的犯罪嫌疑人提供法律帮助，每次值班为约 7 人之多提供法律帮助。[③]

值班律师一般并不会主动为被追诉人提供建议，整个具结过程中，值班律师往往与被追诉人很少交流。《刑事诉讼法》规定了检察院在审查案件过程中，应当听取值班律师

① 参见蔡元培：《从控辩协商走向辩审协商：我国认罪协商制度之反思》，载《大连理工大学学报（社会科学版）》2019 年第 2 期。

② 参见姚莉：《认罪认罚程序中值班律师的角色与功能》，载《法商研究》2017 年第 6 期。

③ 数据来源：某市某区相关业务信息系统。

意见,办案人员会事先准备好《听取值班律师意见表》,意见内容均是格式文本,有时值班律师直接签字即可。控辩协商程序结束后,部分律师还会将材料内容对其宣读,并就被追诉人享有的包括获得法律帮助在内的权利向其确认知晓或告知,但大部分情况下,值班律师直接将自己提供法律帮助的材料交由被追诉人签字,值班律师义务即算履行完毕。

三、控辩协商保障机制的完善路径

控辩协商的正当性基础,即在查明事实的前提下,被追诉人自愿、明智、真实地表达意见并自愿选择接受控辩协商结果。可以从控方、值班律师、被追诉人、法官四个角度完善控辩协商保障机制。

(一)检察官协商前严格审查事实基础保障真实性

控辩协商需要以案件符合起诉标准为基础。认罪认罚的自愿性与真实性有时会发生矛盾,如替人顶包,自愿承认自己未实施的犯罪,虚假认罪认罚。所以并不能因为被追诉人自愿认罪认罚就降低对事实审查的要求,降低证明标准。[①] 认罪认罚从宽制度积极作用的发挥有赖于认罪认罚的真实性,如果有罪判决建立在虚假认罪认罚的基础上,将导致司法公信力大打折扣和司法公正的缺失,因此认罪认罚的案件仍需要达到事实清楚,证据确实、充分的标准。认罪认罚前提下,证据调查程序的简化,仍需要坚持刑事案件证明标准不放松,严格审查事实基础,不否定认罪认罚口供证明力的同时也不应轻信认罪认罚口供,结合其他在案证据,形成证据链,互相印证,以此为基础开展控辩协商。

(二)值班律师分类有效参与协商保障明智性

被追诉人认罪认罚自愿性需要以明智性为前提。基于理性人的推定,被追诉人需要明确理解被指控的犯罪性质及相应的刑罚后果,方有可能自愿作出认罪认罚与否的决定。首先,被追诉人对犯罪性质的理解需要对被指控犯罪的关键构成要素具有明智性。如成立盗窃需要行为具有非法占有目的,如果只是拿错东西事后未归还,则可能是不当得利或侵占,这就需要被追诉人对"行为时非法占有目的"的明智认识。其次,需要对刑罚后果的明智,即需要被追诉人对被指控的犯罪事实所可能判处的刑种的明智,还需要对法定刑罚幅度范围以及从轻、减轻、加重情节及幅度的明智。被追诉人因欠缺法律专业知识,没有律师帮助很难做出明智判断,其认罪认罚的明智性很大程度取决于是否获得有效的律师参与。

值班律师的价值并不是让更多被追诉人选择认罪认罚,而是让认罪认罚案件能符合明智性。刑事诉讼法将认罪认罚案件中值班律师定位为法律帮助者,有别于辩护人角

---

① 参见闫召华、李艳飞:《论认罪认罚的自愿性及其保障》,载《净月学刊》2018 年第 2 期。

色，在诉讼程序中没有阅卷调查等诉讼权利，这一定位符合值班律师资源有限的现状。在这一现状短时间不可改变的情况下，可以根据案件类别分类提供值班律师服务，对值班律师资源进行优化配置，提升值班律师法律帮助的有效性。对于简单刑事案件，即使值班律师没有阅卷等权利，也不会影响案件的公正处理，同时能维持速裁程序的高效运转。如对于危险驾驶等简单的轻微刑事案件，值班律师只需提供形式帮助，为被追诉人考虑过程中出现的疑问提供咨询即可。对于较为复杂的案件或存在较大争议的案件，则需要值班律师提供实质而有效的法律帮助。此类案件，值班律师需要通过会见、阅卷等权利对案件性质、争议点、刑罚后果等进行充分了解，帮助被追诉人对认罪认罚进行明智判断，公、检、法机关也应为值班律师履行法律帮助义务提供更多的便利。如提前通知专为复杂案件设置的值班律师，为其提前阅卷提供支持。

值班律师费的支付上，区分提供法律帮助的案件类型是属于简单案件还是复杂案件，对于简单案件采取按天计算值班费，对复杂案件可以采取结合工作量按件计算，保障其对自己所提供法律帮助的案件进行持续关注，通过费用区分结算实现对值班律师提供法律帮助的激励。

（三）被追诉人对协商结果充足的考虑时间保障自愿性

为了确保被追诉人是在自由意志下进行认罪认罚控辩协商的，既需要考虑被追诉人对其被指控犯罪性质、后果的明智，同时也要考虑办案场所的环境气氛、留给其考虑的时间等对其意志的影响。

目前流水线式的控辩协商下，被追诉人完全没有时间对协商结果进行思考，短短几分钟内就完成了协商并签署具结书，特别是控方还会在协商过程中引导签署各种法律文书，紧凑的协商节奏下，被追诉人完全来不及反应；同时很多进入协商程序的被追诉人出于一种“不敢给检察官添麻烦”的心理，只想着按检察官的要求尽快走完程序离开，导致协商过程缺乏控辩双方的交互性。因此，控辩协商结果形成的具结书需要留给被追诉人适当的考虑时间。如可以在完成协商后，留给被追诉人签署具结书前充足的考虑时间，可以引导其将考虑过程中的疑问向在场的值班律师或检察人员提出，然后再行决定签署具结书与否。检察人员在这一过程中可以继续同下一名被追诉人进行协商，以减轻检察人员办案时间的压力。

（四）法官协商过程中见证

以被告人是否认罪认罚为分野，庭审程序分为形式化审判和实质化审理，认罪认罚的案件将只进行形式化审判，特别是速裁程序中，不再进行法庭调查、法庭辩论，而是重点审查认罪认罚自愿性、明智性、真实性。随着认罪认罚案件庭审程序的形式化，缺乏法官介入的控辩协商难以符合审判中心主义改革要求，这种模式下，控辩协商的司法控制较为薄弱，检察官不仅拥有起诉裁量权，而且具有实质上的定罪和量刑权。法官事后对认罪认罚具结书意思表示的真实性进行审查难以还原控辩协商现场。

在德国,法官是协商程序中最积极的参与方,检察官的参与变得可有可无。[①] 相反,我国量刑协商排除了法官参与的可能。[②] 事实上,法官的事中介入符合审判中心主义,能保障量刑承诺的兑现。首先,法官作为量刑方面的专家,相比检察官而言,拥有更为丰富的量刑经验,由其在协商现场见证并对量刑建议发表意见,保证量刑建议的采纳,增强司法控制,有利于司法责任制的贯彻。其次,法官的事中介入可以有效压缩诉讼环节,提升诉讼效率。通过法官事中的见证,将对被追诉人认罪认罚自愿性、明智性、真实性的审查义务前置,亲历控辩协商现场,更有利于查明被追诉人认罪认罚是否自愿、明智和真实,以避免事后审查发现不客观情况的存在,同时也能促进被追诉人认罪认罚的自愿、明智、真实性,增强具结的权威性。最后,控辩协商完成后,审判环节只需要进行书面审理,能够发挥法官参与控辩协商见证下进一步简化诉讼程序的潜力。

---

① 参见蔡元培:《从控辩协商走向辩审协商:我国认罪协商制度之反思》,载《大连理工大学学报(社会科学版)》2019 年第 2 期。

② 参见陈瑞华:《刑事诉讼的公力合作模式——量刑协商制度在中国的兴起》,载《法学论坛》2019 年第 4 期。

行政检察与诉源治理问题研究

朱佩佩　韩彦霞*

摘要:诉源治理将检察职能向源头和前端延伸,向引导和疏导端发力,是司法机关能动履职的重要着力点。行政检察"一手托两家"的职能优势凸显出其强大的履职能动性,其参与诉源治理既有法律规定和中央政策的支持,也有深厚的理论基础和丰富的实践经验,能够满足新时代做实行政检察工作的更高要求。当前,行政检察参与诉源治理的司法实践远远走在法律规范及理论研究前列,各地检察机关通过探索行政违法行为监督、行政争议实质性化解、行政检察类案监督,全面关照行政争议的源头预防、源头化解以及源头治理问题,积极推动行政争议的系统治理、依法治理、综合治理、源头治理。

关键词:诉源治理　"穿透式"监督　行政违法行为监督　行政争议实质性化解　行政检察类案监督

一、行政检察履职能动性的突出体现:"穿透式"监督模型

进入新时代新发展阶段,与人民群众在民主、法治、公平、正义、安全、环境等方面的现实新需求相比,法律执行和实施仍是亟须补齐的短板,检察机关作为国家法律监督机关,在推进国家治理体系和治理能力现代化进程中肩负着重要的政治责任和法律责任。作为"四大检察"重要组成部分的行政检察,具有既监督人民法院公正司法,又监督行政机关依法行政的特殊职能属性,"一手托两家"的制度优势赋予其强大的履职能动性,能够践行"穿透式"监督、监督办案一体化、以"我管"促"多管"等具有积极能动属性的检察监督新理念,从而把行政检察的制度优势全面转化为国家治理效能,促进诉源治理,破解社会治理难题。

---

* 朱佩佩,江苏省无锡市梁溪区人民检察院第五检察部检察官;韩彦霞,江苏省无锡市人民检察院法律政策研究室副主任。本文系2022年度最高人民检察院检察应用理论研究课题"检察机关加强诉源治理研究"的阶段性研究成果。

其中,"穿透式"监督模型是行政检察依法能动履职、促进诉源治理、融入社会治理最突出最充分的体现。它以监督法院行政审判和执行活动为起点,穿透至监督行政机关的行政管理行为,促进依法行政;继而穿透至行政争议背后的真实原因和行政相对人的实质诉求,在履行法律监督职责过程中实质性化解争议;最后由个案监督向类案监督进行穿透,系统分析案件背后反映出的执法司法及社会管理层面普遍性、倾向性、根本性问题,主动参与社会治理。行政检察层层穿透,并在每一次穿透中找准着力点,把准自身定位,确保在每一层级都能充分发挥履职能动性,提升监督的力度和整体质效。①

二、行政检察参与诉源治理的基础及依据

(一)相关法律规定及政策依据

1. 法律及司法解释相关规定。2014 年修正的《行政诉讼法》新增了"解决行政争议"这一立法目的,此后,行政争议预防及化解、行政争议诉源治理等司法理念逐渐成为引领行政检察实践发展的指导思想。2021 年 9 月 1 日起施行的《人民检察院行政诉讼监督规则》将《人民检察院行政诉讼监督规则(试行)》中的"坚持合法性审查"修改为"依法全面审查",将"推动行政争议实质性化解"作为开展行政诉讼监督工作的基本任务,新增了检察机关以检察建议形式督促纠正违法行政行为、参与社会治理的内容。修订后的诉讼监督规则对新时代行政检察依法能动履职促进诉源治理提出了原则性要求,也为进一步探索研究行政检察促进诉源治理的具体抓手和实践路径提供了思路。

2. 中央政策依据。中共中央、国务院印发的《法治政府建设实施纲要(2021—2025 年)》要求健全社会矛盾纠纷行政预防调处化解体系,健全行政争议实质性化解机制,推动诉源治理。《中共中央关于加强新时代检察机关法律监督工作的意见》(以下简称中央《意见》)明确指出,要全面深化行政检察监督,切实加强民生司法保障,坚持和发展新时代"枫桥经验",积极引领社会法治意识,促进全民法治观念养成。这些都为行政检察能动履职、主动融入党委领导的诉源治理格局提供了中央层面的政策依据。②

(二)理论基础及实践经验

1. 实质法治主义观。司法办案绝不能只守住形式"不违法"底线,而须努力追求实质公正。基于行政检察"穿透式"监督的能动性,其应以实质监督为主线,"就案办案"的机械司法理念无法实质性化解争议。实质法治理论是新时代行政检察监督的核心理论基础,实质上的法治国家才是中国法治国家建设的终极目标,行政检察须秉持"实质重于形式"原则,立足于实质法治主义观,充分发挥检察能动性以平衡法院行政审判的被动性,

---

① 参见张相军、何艳敏、梁新意:《论"穿透式"行政检察监督》,载《人民检察》2021 年第 10 期。

② 参见张立新、刘浩:《行政检察溯源治本的理念引领与实现方式》,载《人民检察》2022 年第 8 期。

努力寻求权力监督与权利救济的结合点,促进案结事了政和。①

2. 案例发布及专项活动开展情况。近年来,最高人民检察院发布了3批行政检察主题指导性案例和多批行政检察典型案例,案例是检察机关能动履职促进诉源治理的扎实举措,大量的案例为行政检察参与诉源治理积累了丰富的实践经验。尤其是第30批行政争议实质性化解主题指导性案例、第36批行政检察类案监督主题指导性案例,以及行政检察以"我管"促"都管"典型案例,充分展示了行政检察融入社会治理、促进诉源治理的具体路径,凸显出行政检察监督的更高质效。2019年11月至2020年12月,最高人民检察院在全国部署开展"加强行政检察监督　促进行政争议实质性化解"专项活动,实质性化解行政争议6300余件,为检察机关参与行政争议诉源治理提供了大量可供借鉴参考、推广复制的经验做法。

三、行政检察促进诉源治理的制度优势及重要意义

(一)弥补行政争议前段化解不足及终端解决的滞后性

行政执法调解、行政和解、行政复议属于行政争议的前端解决途径,但这些方式更多体现为行政机关的内部监督与纠错,行政色彩过于强烈,往往忽视对行政相对人利益的保护和行政争议的实质解决,争议未发生之前的预防功能和争议发生初期的化解功能发挥都不够充分,导致大量行政争议的发生以及持续发展,最终被推入司法环节,大大增加当事人诉累和法院审判压力。行政争议进入检察监督环节后,尽管检察机关尝试综合运用多种方式进行化解,但终端化解具有滞后性,矛盾历经重重处理环节仍得不到解决,不断激化升级,需要耗费更多的时间精力成本进行化解,且往往已经给行政相对人造成了无法弥补的实际损害,故而迫切需要推动前端预防和化解,通过对行政机关的行政行为进行预防性监督和约束,使潜在的争议纠纷消于未生,或将初生的矛盾纠纷解决在萌芽状态,避免矛盾分歧扩大化,降低争议解决成本,节约纠纷救济资源。

(二)满足新时代人民群众对行政检察工作的更高要求

行政审判与行政检察监督存在三大"遮蔽",即程序给实体披上"合法外衣"、"案结事未了"、就案办案遮蔽类案漏洞。三大"遮蔽"既浪费司法资源,又无法从根本上解决行政争议,严重影响人民群众的法治获得感、幸福感和安全感。② 民心是最大的政治,习近平总书记指出,"全面依法治国最广泛、最深厚的基础是人民"③,"要努力让人民群

---

① 参见张相军、何艳敏、梁新意:《论"穿透式"行政检察监督》,载《人民检察》2021年第10期。

② 参见叶伟忠、刘东杰、张飞飞:《行政检察中的穿透式监督——从检例第57号展开》,载《检察工作》2021年第6期。

③ 参见《让人民群众切实感受到公平正义就在身边(领航中国)》,载司法部网,http://www.moj.gov.cn/pub/sfbgw/gwxw/ttxw/202209/t20220914_463527.html,最后访问日期:2022年9月14日。

众在每一个司法案件中感受到公平正义。”①行政检察参与诉源治理过程中，始终践行“以人民为中心”的习近平法治思想，办理每一个案件都坚持以回应人民群众实质诉求为出发点和落脚点，以“诉源”思维分析案件背后的深层次原因，突破形式主义窠臼，将天理、国法、人情融为一体，通过监督办案落实权利救济功能，让司法既有力度又有温度，切实增强人民群众对法治建设、对检察工作的认可度。

（三）健全多元纠纷解决体系促进法治政府建设的必然要求

《中共中央关于全面推进依法治国若干重大问题的决定》明确要求，健全社会矛盾纠纷预防化解机制，完善调解、仲裁、行政裁决、行政复议、诉讼等有机衔接、相互协调的多元化纠纷解决机制。健全多元化矛盾纠纷预防化解机制是我国法治国家、法治政府、法治社会建设的重要内容，检察机关是促进法治体系现代化建设的重要力量。以诉源治理为目标和具体抓手的行政检察，在行政争议化解过程中具有行政调解、行政复议、行政诉讼所没有的主导性、主动性、专业性、中立性、弱对抗性、威慑性、公共利益导向等优势，具有更加灵活、柔性、实质地解决争议的天然优势。② 将其纳入多元纠纷解决机制中，尤其是直接针对违法行政行为开展检察监督，依靠检察权来直接监督行政权，更有助于实现诉源治理乃至溯源治理的彻底性，促进依法行政，推动法治政府建设，契合宪法关于检察机关“国家法律监督机关”的角色定位，显现出检察机关在党和国家监督体系中所具备的查漏补缺和兜底性作用。③

四、完善行政检察促进诉源治理的具体抓手

（一）行政违法行为监督

行政诉讼检察监督通过直接监督法院行政审判的方式，也能起到间接监督行政行为的效果，但仅依靠诉讼内的监督来推动依法行政作用十分有限，赋予行政检察直接面对并监督违法行政行为的权力，变事后监督为事前、事中监督，是做实行政检察工作的重大突破口。④

1. 检察机关开展行政违法行为监督的适当阶段。一方面，应将端口前移至行政执法阶段，预防争议发生。行政权涉及社会生活的方方面面，行政管理领域广泛，行政权的过度扩张和消极作为严重侵害公民权利。检察机关在履行监督办案、走访调研、参与社会治理、参与执法评查等各项法律监督职责过程中，容易发现行政机关违法行使职权或怠于履行职责的行为。此时行政争议尚未形成，检察机关及时介入，通过制发纠正违法类

① 参见《让人民群众切实感受到公平正义就在身边（领航中国）》，载司法部网，http://www.moj.gov.cn/pub/sfbgw/gwxw/ttxw/202209/t20220914_463527.html，最后访问日期：2022 年 9 月 14 日。

② 参见解志勇：《行政检察：解决行政争议的第三条道路》，载《中国法学》2015 年第 1 期。

③ 参见姜明安：《论新时代中国特色行政检察》，载《国家检察官学院学报》2020 年第 4 期。

④ 参见叶伟忠、刘东杰：《行政执法检察监督回归的理论基础》，载《检察工作》2022 年第 1 期。

或综合治理类检察建议督促行政机关自我纠错、依法规范履职,使行政争议止于未发,充分发挥源头预防功能。另一方面,还应提前介入行政复议,防范减少诉讼产生。行政争议发生后,行政相对人往往会寻求行政调解、行政复议等救济途径,此时检察机关依职权启动监督程序,在尊重行政权体系自身纠错功能的前提下,通过检察建议、联席会议、座谈通报等柔性手段,帮助行政机关依托内部监督制约体系及时纠正违法行为,避免矛盾纠纷的上行和外溢,让行政争议消解在萌芽状态、化解在基层,阻止其进入司法程序,从源头上减少诉讼增量,减轻法院审判压力,实现诉源治理。

2. 检察机关开展行政违法行为监督的履职边界。当前行政违法行为检察监督尚处于探索阶段,虽有中央政策支持,但仍缺乏法律层面的明确依据,检察机关在开展这项工作过程中应审慎稳妥,循序渐进,保持理性和谦抑,在法律框架范围内进行探索,逐步总结提炼,为完善立法积累经验。[①] 要认真评估检察监督的必要性,考量自身的监督条件、监督能力和社会需求,主要针对当前违法行政行为最为严重的民生领域,围绕服务大局、司法为民开展专项监督。各级检察机关应突出监督重点,因地制宜,根据地方党委政府的具体工作要求和群众反映强烈的问题有针对性地确定监督范围,不能为了追求案件数量搞"一刀切",减损检察监督的权威和整体质效。[②]

(二)行政争议实质性化解

开展行政争议实质性化解是新时代行政检察工作的核心任务之一,是检察机关落实习近平法治思想,推动诉源治理的具体行动,最高人民检察院已明确提出要常态化开展行政争议化解工作。

1. 有限介入尚未进入检察环节的行政争议。面向尚未进入检察监督环节的案件开展争议化解,即将检察机关介入的时机提前,对处于行政复议和行政诉讼阶段的争议进行化解,有利于遏制诉讼增量,减少诉讼存量,契合矛盾纠纷靠前解决的基本规律。但行政复议阶段的行政争议尚处于行政权运行过程中,[③]检察权理应审慎介入;检察机关直接介入诉讼阶段的行政争议则难免干扰行政审判,故也只可适度介入。何谓审慎、适度介入?首先,要秉持不主动介入原则,以行政机关和法院的邀请为启动检察化解的钥匙;其次,检察机关要对介入的必要性进行评估,一般对于重大疑难复杂争议或者法院以超过起诉期限为由拟不予实体审理的案件,才有提前介入化解的必要;最后,提前介入必须有明确的依据,需以检察机关与行政机关或法院联合制定的文件作为介入前提,或者依托其他工作衔接平台介入。

---

① 参见最高人民检察院组织编写:《全国检察机关十大业务系列教材10:行政检察业务》,中国检察出版社2022年版,第10页。

② 参见姜明安:《论新时代中国特色行政检察》,载《国家检察官学院学报》2020年第4期。

③ 参见江国华、王磊:《检察机关实质性化解行政争议的制度分析和实践完善》,载《国家检察官学院学报》2022年第3期。

2. 借法律监督职能促行政争议源头化解。检察环节的行政争议实质性化解与法律监督职能不可分割，法律监督权是开展争议化解的基础，是有效化解争议的保障；争议化解是法律监督职能的重要组成部分，是检察机关参与社会治理的重要抓手。要想实现源头化解争议的彻底性，便不可简单追求行政相对人息诉罢访的结案形式，须通过履行监督职责，全面审查法院审判执行活动及行政行为的合法性，发现生效裁判错误或行政行为违法的，依法监督纠正，尤其注重监督纠正引发争议的违法行政行为，依托行政检察监督的终端纠错倒逼行政机关对争议开展源头治理，从而实现权利救济，彻底平息矛盾纠纷。①

3. 跳出个案化解深度参与社会治理。检察机关在争议化解过程中容易发现行政机关、相关行业或企业存在的普遍性问题、共性问题，通过"穿透式"监督分析个案争议背后的深层次原因、根本性问题，可推动建章立制、弥补漏洞、消除风险，助力解决社会治理难题，促进诉源治理。行政检察不能止步于个案的争议化解，而应发挥制度优势能动履职，努力追求个案办理与促进社会治理相统一，为社会治理能力现代化贡献检察智慧。最高人民检察院发布的第 30 批行政争议实质性化解主题指导性案例，大都是以化解个案争议为起点，穿透、升维至参与社会治理，推动诉源治理。

（三）行政检察类案监督

《人民检察院行政检察类案监督工作指引（试行）》将行政检察类案监督定义为"人民检察院对人民法院、行政机关在司法、执法活动中存在的同类错误或适用法律不一致等共性问题提出监督纠正意见，推动同等情况相同处理，或者针对行政执法、社会治理中存在的普遍性问题，推动改进工作、完善制度，避免同类问题再次发生的监督活动"，由此可见，行政检察类案监督的概念天生蕴含着诉源治理乃至更深层次的溯源治理监督理念。

1. 全面抓好争议源头治理避免相同问题发生。要做好行政争议源头治理工作，不能止于诉讼的源头治理问题，还需追溯问题的根源，面向更为全面、深层的社会问题的治理，即追本溯源、抓源治本。诉源治理本身也是一种溯源治理，只不过"司法标识度"更加明显。② 最高人民检察院制发的第 1 至 8 号检察建议，就是聚焦人民群众急难愁盼、社会治理难点堵点、执法司法病灶顽疾，通过梳理某一时期某个领域的重点突出问题，针对一类问题集中发出一份检察建议，并推动建立长效机制避免再次出现相同的问题，体现出检察机关以点带面的法治担当和社会责任感，彰显司法服务功能，打造出了检察品牌效应，已成为诉源治理乃至溯源治理的"检察名片"。

2. 行政检察类案监督推动源头治理的多元路径。检察建议是类案监督的法定形式，

---

① 参见傅国云：《检察机关实质性化解行政争议的属性、定位及效力》，载《人民检察》2022 年第 9 期。

② 参见薛永毅：《彰显融入社会治理责任担当》，载《检察日报》2022 年 7 月 28 日，第 3 版。

也是最常用的监督形式，但检察建议的使用受到“在办理案件过程中发现”的限制，实践中往往采取更加灵活可操作的多元化监督方式。通过开展专项监督活动、专题调研、座谈研讨、参与执法评查等活动，系统分析发现执法司法、社会治理中存在的普遍性问题，撰写情况通报或专题报告，向法院和有关行政机关通报，明确指出存在的问题，进而通过会签文件、共同出台会议纪要等形式提升类案监督工作成效，促使相关责任部门堵漏建制。此外，为加强类案监督成果的运用，检察机关还可系统梳理分析行政检察年度办案数据，提出加强和改进公正司法、依法行政的意见和建议，形成年度报告或行政检察白皮书，送达法院和行政机关的同时，主动向地方党委、人大报告，争取政府支持，促进各方凝聚共识，更好地实现以检察机关的“我管”，促法院、行政机关的“都管”。

检察机关行政争议实质性化解的基层实践优化路径

潘凌云　王天碧*

摘要:检察机关开展行政争议实质性化解工作,是解决"诉讼程序空转""案结事不了"困境的有效路径,相关工作重点是妥善解决潜在之诉、过期之诉和遗落之诉。基于全流程、全角度、全覆盖工作模式建构"三全六步工作法",作为优化行政检察参与化解行政争议问题的工作路径,能够更好助力行政检察工作高质量发展。

关键词:行政争议实质性化解　优化路径　"三全六步工作法"

一、检察机关行政争议实质性化解的背景和发展

当前我国正处于社会剧烈转型时期,各种矛盾纠纷碰撞频繁,同时随着公民法治意识逐步增强,通过诉诸法律手段积极维护自身权益成为常态,导致各类行政争议增多,尤其是涉及农村土地权益、城镇房屋拆迁、社会保障、环境污染、工伤认定、安全生产等方面的行政争议问题,亟须公正、及时地解决。[①] 以江苏省 H 市 H 区为例,2020 年共受理行政复议案件 18 件、涉及行政诉讼 14 件;2021 年共受理行政复议案件 27 件,涉及行政诉讼 18 件;2022 年 1—9 月共受理行政复议案件 69 件,涉及行政诉讼 16 件,年增长率达 80%以上。

(一)行政争议的解决途径与现实障碍

行政争议是以实施具体行政行为的国家行政机关为一方,以作为该具体行政行为相对人的公民、法人或者其他组织为另一方,针对行政机关实施的具体行政行为是否合法(包括适当)而引起的争议。[②] 目前,除行政检察监督外,行政争议的解决途径主要有三

---

* 潘凌云,江苏省淮安市淮阴区人民检察院党组副书记、副检察长;王天碧,江苏省淮安市淮阴区人民检察院书记员。

① 参见袁梦银:《行政检察视角下的行政争议实质性化解与"枫桥经验"》,载《中国检察官》2021 年第 1 期。

② 参见邹瑜、顾明总主编:《法学大辞典》,中国政法大学出版社 1991 年版,第 566 页。

种:行政复议、行政诉讼和信访。不同的行政争议解决方式都有其独特的重要性,但也均存在一定局限性。比如,相当一部分案件被法院以超过起诉期限、行政行为不具有可诉性、不属于行政诉讼受案范围、主体不适格等为由裁定不予受理或驳回起诉,案件涉及的行政争议一直未能进入实体审理阶段,使"行政诉讼程序空转",既浪费了司法资源,损害了司法权威,也耗费了当事人的大量时间与费用。再如,法院对于行政行为展开的合法性审查若没有触及案件的实质争议点,很难真正解决当事人的利益诉求。①

(二)检察机关开展行政争议实质性化解的法律政策

《行政诉讼法》第1条开宗明义:"为保证人民法院公正、及时审理行政案件,解决行政争议,保护公民、法人和其他组织的合法权益,监督行政机关依法行使职权,根据宪法制定本法。"其中,特别强调了行政诉讼制度构建目的之一是"解决行政争议"。

2021年6月,《中共中央关于加强新时代检察机关法律监督工作的意见》要求检察机关全面深化行政检察监督,"在履行法律监督职责中开展行政争议实质性化解工作,促进案结事了"。这表明依法合理化解行政争议意义重大,既是党对行政检察事业发展的嘱托,更是人民群众对提高行政检察产品供给质效的期盼。

《人民检察院行政诉讼监督规则》将"行政争议实质性化解"写入总则部分,增加规定实质性化解行政争议的原则、方式等内容。检察机关通过发挥"一手托两家"的职能作用对行政案件实行"穿透式"监督:对于法院裁判确有错误的,依法提起抗诉或者检察建议;对于法院裁判没有错误,但相关行政机关不依法及时履行职责或自由裁量权行使不当造成相对人合法权益受到侵害的,依法向有关行政机关提出改进工作、完善社会治理的检察建议,促进依法行政。② 行政检察监督由单一的诉讼监督变更为兼顾实质性化解行政争议,将"化解争议"作为"监督权力"与"保护权利"的结合点和落脚点,推动行政争议诉源治理与加强和创新基层社会治理相结合,确保政治效果、法律效果、社会效果的有机统一。

二、行政争议实质性化解的检察内涵和工作重点

行政争议实质性化解,是指检察机关办理行政检察监督案件,全面贯彻行政诉讼法确定的立法目的,在监督法院公正司法、促进行政机关依法行政的同时,加强调查核实,针对行政争议产生的基础事实和申请人在诉讼中的实质诉求,综合运用抗诉、检察建议、公开听证、司法救助、释法说理等多种途径,促进行政争议得到依法、公平、有效解决。

《行政诉讼法》虽然有"解决行政争议"这一原则性要求,却并未提及"实质性"化解。对"实质性"究竟作何理解、标准如何确定,这个问题既关乎化解质效更体现价值追求。

---

① 参见张相军、何艳敏、梁新意:《论"穿透式"行政检察监督》,载《人民检察》2021年第10期。

② 参见袁梦银:《行政检察视角下的行政争议实质性化解与"枫桥经验"》,载《中国检察官》2021年第1期。

目前主流观点认为，行政争议实质性化解主要包括两方面内容：一是程序完全终结，二是实体关系得到有效处理，即“行政诉讼程序终结后未再启动新的法律程序”和“行政实体法律关系经由行政诉讼程序获得实质处理”。[①] 据统计，2021 年江苏省检察机关共实质性化解行政争议 273 件（立足法定监督职能案件数与其他类案件数之和）。从基层检察实践来看，检察机关实质性化解行政争议主要集中在如下三个“重点之诉”。

（一）潜在之诉的实质性化解

检察机关接受行政机关邀请或者应行政相对方申请，按照审慎、适度的原则介入行政复议阶段甚至于更前端化解“潜在之诉”，本质上属于诉源治理范畴。诉源治理的初级目标是“解纷于萌芽状态”，检察机关可以发挥调停者、中间人、建议者的作用，将非诉讼纠纷解决机制挺在前面，利用协商机制减少矛盾双方对抗，使绝大多数行政争议可以在复议阶段或者更前端得以解决，从根源上化解社会矛盾，修复被破坏的社会关系，真正实现诉前解决纠纷的最佳司法状态。

以甲工贸公司与某区应急管理局行政处罚纠纷案为例，甲工贸公司系某区政府招商引资企业，公司负责人张某将闲置厂房出租给赵某作仓库使用，房屋出租两个月后，某区应急管理部门在安全检查中发现，赵某安排工人在厂房内手工组装键盘按键，认为甲工贸公司将房屋出租给不具备安全生产条件的个人，向张某出具行政处罚告知书，拟对甲工贸公司及张某分别处以罚款 15 万元、1.3 万元，并没收租金 5000 元。张某立即向 H 区检察院申请监督，检察机关展开调查后发现：（1）从主观上看，甲工贸公司与承租方事先签订了《库房租赁安全管理协议书》《消防安全管理协议》，张某重视安全生产，尽到了一定的注意义务；（2）从客观上看，赵某手下仅 7 名工人、生产规模较小，未造成安全事故后果且安全风险小；（3）从处罚平衡角度看，行政机关执法检查后，赵某为躲避处罚恶意注销企业，未予行政处罚，而对张某及甲工贸公司给予处罚，失去平衡性；（4）从处罚合理角度看，处罚数额与违法行为不相适应，缺乏合理性。检察机关组织公开听证后，向行政机关发出《检察提示函》，提示行政处罚存在不合理性。经过多轮磋商、沟通，最终某区应急管理部门将对甲工贸公司及张某的行政处罚数额分别调整为 1.5 万元、0.3 万元，甲工贸公司现场缴纳了罚款，并签署息诉息访承诺书，一起影响到地方法治营商环境的“潜在之诉”被消除于萌芽状态。

（二）过期之诉的实质性化解

实践中有大量行政诉讼案件由于超过起诉期限等程序原因而无法进入到实体审理阶段，此时法院不予立案或驳回起诉并不等同于行政行为就是合法的。对于“过期之诉”，检察机关既要审查法院裁判是否正确，又要审查被诉行政行为是否合法，还要审查

---

① 参见王万华：《行政复议法的修改与完善——以“实质性解决行政争议”为视角》，载《法学研究》2019 年第 5 期。

行政争议有无化解可能。对于因超过起诉期限等原因无法通过诉讼维权,且有初步证据证明行政行为确有错误的案件,应当从推动行政争议实质性化解的角度监督行政机关依法启动自我纠错程序,保护公民合法权利。

以孙某与H公安分局行政处罚纠纷案为例:孙某向H公安分局申请开具无违法犯罪记录证明,公安机关经审查发现,孙某曾在2000年被处以行政拘留15日,因此未予出具。孙某以该处罚决定违法为由向法院提起行政诉讼,法院认为超过诉讼时效裁定驳回起诉。孙某向H区检察院申请监督称在接到公安机关的处罚决定后,已在法定期限内提起行政复议,因公安机关告知其已撤销拘留决定,且没有实际执行才未立即提起行政诉讼。检察机关经调查确认公安机关行政处罚依法作出,孙某系自行撤回复议申请。经多次沟通了解到孙某提起行政诉讼主要原因是担心违法记录影响其后辈入党、参军等,检察机关在找准症结后,经过多次面对面的沟通交流、释法说理,同时邀请孙某近亲属协助做其思想工作,最终打消了孙某的顾虑,实质性化解这一"过期之诉"。

(三)遗落之诉的实质性化解

一些行政相对人或者权利人没有行使复议、诉讼权利,却在非诉执行阶段提出其合法诉求所致的行政争议称为"遗落之诉"。检察机关应在确认被申请执行人行政决定阶段权利义务是否存在的同时,依法开展行政争议实质性化解工作。

以某才艺培训公司与某区市场管理局行政非诉执行纠纷案为例:某区市场管理局现场调查发现,某才艺培训公司未办理卫生许可证未经许可从事餐饮服务营业活动,对其罚款5万元,使用超过保质期的食品,对其罚款8万元。某才艺培训公司既未申请复议也未提起诉讼,缴纳了罚款1万元,其余未履行到位。某区市场管理局向法院申请强制执行剩余罚款及滞纳金共计25万元。某才艺培训公司申请检察监督后,H区检察院经调查发现,某才艺培训公司负责人宋某在某区市场管理局调查前已申领卫生许可证,在被行政处罚后2天即获批准,同时考虑到受疫情影响某才艺培训公司无收入来源,经磋商协调,某才艺培训公司最终分12期缴纳了罚款。

三、行政争议实质性化解的方式和举措

《人民检察院行政诉讼监督规则》第6条规定,人民检察院办理行政诉讼监督案件,应当查清案件事实、辨明是非,综合运用监督纠正、公开听证、释法说理、司法救助等手段,开展行政争议实质性化解工作。行政争议的化解方式和措施按照"刚性"由强到弱进行排列,化解方式大致包括:抗诉、以抗促调、检察建议、促成协议、司法救助、批评教育、释法说理。实践中,既可以"一案一方式"也可以"一案多方式",具体方式既包括考量法

律规定、司法政策，也注重当事人的自身感受和整体社会效果。①

以陈某诉某区政府行政赔偿纠纷案为例：2015 年，某区政府对特定地块房屋及其附属物进行征收，在未与陈某就拆迁补偿事宜达成一致意见的情况下实施拆除。2016 年陈某诉至某市中级人民法院，法院判决确认拆除行为违法。陈某再次起诉，要求某区政府赔偿房屋及附属物等共计 370.6234 万元，某市中级人民法院一审判决 H 区政府赔偿损失共计 43.5 万元。陈某不服，相继向省高级人民法院、最高人民法院上诉、申请再审均被驳回，后陈某向某省人民检察院提出抗诉申请。省、市、区检察机关组成了上下三级一体化办案组，经调查了解，因陈某诉求数额与法院判决相差甚远，此前经过多轮诉讼调解均未能化解争议。办案组共召开公开听证两次、走访六十余次、与行政机关磋商二十余次，同时通过发出检察建议对行政机关违法行为进行监督纠正、对陈某给予心理辅导和司法救助。2022 年 8 月，在行政机关和当事人的共同请求下，双方在检察机关见证下达成书面协议。该案主要运用了检察建议、促成协议、释法说理等化解方式，最终成功化解了这一持续 8 年的行政生效裁判争议。

四、检察机关行政争议实质性化解的优化进路

对于基层检察机关来说，行政生效裁判监督案件案源匮乏，审判和执行监督规模较小，行政争议实质性化解工作是做实基层行政检察工作的根基所在。本文在总结以往工作方法和经验的基础上，探索出“三全六步工作法”，以期优化基层检察机关实质性化解行政争议的进路。

（一）建构全流程全角度全覆盖工作模式

1. 全流程工作模式。随着检察机关的不断实践探索，化解行政争议的范围在逐渐拓展，检察机关可以在具体行政行为作出时、行政复议、行政审判、行政执行直至申请行政检察监督的全流程，积极稳妥探索参与行政争议化解。从前端诉源治理角度来看，检察机关能更好地与行政机关进行信息互换，充分发挥公平、高效、专业、方便的特点，将化解纠纷的节点尽可能前移。从事后跟进监督角度来看，检察机关可通过对接法院行政争议审前调解中心，实现法、检联合推动行政争议实质解决。“检察机关基于法律监督者的角色，具有利益保护的多元化追求，可以更加积极主动地调查核实相关事实，兼顾平衡公共利益与私人利益，有利于发挥中国特色解纷机制的优势。”②

2. 全角度工作模式。司法实践中，进入诉讼环节的行政争议往往持续时间更长、矛盾主体更多、化解难度更大，经过多轮程序空转，当事人对于矛盾可能从一个行政机关转

---

① 参见舒平安：《行政争议实质性化解的现状与出路——以最高人民检察院典型案例为研究对象》，载《中国检察官》2021 年第 21 期。

② 江国华、王磊：《检察机关实质性化解行政争议的制度分析和实践完善》，载《国家检察官学院学报》2022 年第 3 期。

移到多个行政、司法机关身上。检察机关首先要分辨矛盾类型,若生效裁判确有错误,可以运用抗诉或者再审检察建议开展监督。若行政机关在行使职权时确有不妥,检察机关可实施"穿透式监督",提出行政违法或社会治理类检察建议,实现"办理一案、治理一片"的效果。如H区检察院在办理王某某与自然资源与规划部门土地非诉执行案件过程中,经全面梳理,发现辖区内有十余件同类型案件,遂向法院和自然资源与规划部门分别发出行政非诉执行类案检察建议和社会治理检察建议。

评价行政争议是否化解,不能仅注重当事人认可。"如果当事人诉求合法合理,检察机关的实质性化解体现为使其实体上的正当性诉求得到解决;如果当事人诉求不正当,检察机关的实质性化解就体现为引导其回归理性,实现争议的自然消解。"①

以胡某某诉某区人民政府行政复议案为例:1977年胡某某进入某区某镇兽医站工作,2014年经某区农委批准退休。胡某某称其1984年已通过考试转为正式在编人员,但直至退休一直未能享受相应待遇,向某市中级人民法院提起行政诉讼。法院以胡某某诉讼请求同时包含行政复议、信访复查、事业单位正式在编人员待遇等多项不同主张,诉讼请求不具体、不明确为由,裁定驳回起诉。某省高级人民法院二审、最高人民法院再审均维持一审裁定。胡某某向某省人民检察院申请监督。检察机关在调查发现,因争议持续时间较长,胡某某与某区政府、农委、人社、财政等单位或部门均有矛盾冲突。虽然案件走完全部诉讼程序,但均为程序空转,对于胡某某实际身份情况一直未能实质性审查。检察机关经过走访调查上述多部门,并从某区档案馆调阅胡某某同期所有转岗人员材料进行查证,发现无证据证明胡某某事业编制身份情况,通过先后十余次开展证据开示、释法说理,最终胡某某息诉息访。

3. 全覆盖工作模式。加强与行政机关、复议机关、审判机关的沟通联络,及时、充分掌握一段时间内行政争议的趋势及范围,建立完善的行政争议化解机制,聚力构建行政机关、审判机关、检察机关之间的协同机制,深入推进行政争议实质性化解。针对不同时期"潜在之诉""过期之诉""遗落之诉"研究不同的化解模式,形成行政争议化解合力。

以杨某某与某区城管局拆除违章建筑行政复议纠纷案为例:杨某某对某区城管局强制拆除其屋顶阳光房不服,向某区政府申请行政复议要求赔偿各项损失5万元。基于已经建立的信息共享机制,复议机关立即向检察机关移送了案件线索,及时联动,并依托人民调解组织邀请杨某某所在居委会工作人员参与化解,最终杨某某自愿撤回复议申请,息诉息访。

(二)探索"六步工作法"的实践思路

第一步,搭建平台,畅通渠道。基层实践中,检察机关多是受邀参与行政争议的解决,自主收案化解争议的案件仍相对较少。因此,检察机关应联合审判机关、司法行政机

① 张相军、马睿:《检察机关实质性化解行政争议研究》,载《国家检察官学院学报》2022年第3期。

关、信访部门等，建立健全相应信息共享平台，定期进行数据通报和信息交换，拓宽线索来源渠道，为合力解决行政争议奠定基础。实践中还可以参照公益诉讼案件线索来源渠道：自然人、法人和非法人组织向人民检察院控告、举报的；人民检察院在办案中发现的；行政执法信息共享平台上发现的；国家机关、社会团体和人大代表、政协委员等转交的；新闻媒体、社会舆论等反映的等。上述线索均要通过检察办案程序进行形式转化。

第二步，走访调查，厘清事实。行政争议实质性化解过程中，检察机关履职通过案件化办理形式呈现，案件的真实情况是开展化解工作的基础。可充分行使下列审查调查职能，查明事实：一是书面审查当事人提供的材料；二是上门走访、当面倾听当事人的诉求；三是加强与行政机关、法院的沟通协调；四是调阅法院审判执行案件卷宗材料。在全面调查清楚案件实情、涉法涉诉问题的基础上，找准三方着力点，提炼出争议焦点、化解难点、风险重点，以夯实依法化解行政争议的前提和基础。如前文所举陈某诉某区政府行政赔偿纠纷案，检察机关通过调取原始拆迁卷宗、开展多方对话等形式查清基本事实，厘清化解条件，定制化解方案。

第三步，多措并举，多元化解。实践证明行政争议的实质性化解往往需要“多管齐下”。一是在内部充分运用公开听证、司法救助、检察建议等方式，向当事人展现检察机关的积极性与主动性，并为当事人提供多方直接对话的平台，提高当事人的参与度与理解度，以公开促公正。二是于外部融入多元纠纷化解机制，对接人民调解、行政调解、审判调解、律师调解等，构建有机衔接、互相协调的行政争议化解机制。三是鼓励当事人在法律范围内创造性地寻求更加合理与建设性的纠纷解决途径。四是邀请人大代表、政协委员、人民监督员、律师、行业专家等参与其中，以专业权威助力行政争议实质性化解。

第四步，联动配合，群策群力。构建检察机关上下联动一体办案机制，如前文所举的胡某某诉某区人民政府行政复议案、陈某诉某区政府行政赔偿纠纷案，均为省级院逐级交办至基层院的行政生效裁判监督类案件。此类案件成功化解的关键就在于充分运用三级院一体化办案机制，制定科学、完善的化解方案。省、市检察院立足全局高度，增加释法信服度，基层检察院发挥地域优势充分调查，与当事人面对面沟通，共同促成争议的最终化解。

对于一些争议时间较长、双方矛盾较大、涉及当事人较多的案件，通过联席会议集中讨论，打破部门之间的壁垒，群策群力拓展化解思路。当确认无化解意义时，全面、深入地向当事人解释相关规定，并通过同类型案事例介绍，阐释案件的处理原则和依据，引导当事人明确维权范围和边界，促使当事人回归理性诉求。

第五步，综合履职，持续跟进。行政争议实质性化解并非一劳永逸，实践中也存在当事人出现反复，甚至出现政策变化导致和解协议无法兑现等情况。对于已经达成行政和解协议的，不将其视作行政争议实质性化解的终结，而是需要持续跟进监督，与申诉人、行政机关保持密切联系，掌握最新进展情况。同时建立行政争议化解工作的专门台账，定期开展回头看与总结分析，运用好新媒体传播手段，制作普法视频，宣传优秀案例，讲好故事，不断提升检察机关行政争议实质性化解的社会知晓度和影响力。

第六步，建章立制，诉源治理。在办理个案的同时注重做好诉源治理，围绕教育就业、社会保障、公共卫生、征收拆迁、农民工讨薪等重点领域，与行政机关建立协商合作机制，制定共建共享、多元调处的工作方案，实现由个案问题解决向类案问题治理延伸。在对个案纠偏中化解行政争议的同时，通过发现行政机关履职中的问题，提出完善社会治理的检察建议，实现从末端治理向促进前端治理转变，从总体上助推国家治理体系和治理能力现代化。

完善检务保障工作的思考

江苏省镇江市人民检察院计财装备处课题组*

摘要:检务保障为检察业务基础建设和检察工作发展提供物质保障,对于检察机关依法正确履行检察职能具有十分重要意义。重构我国检察机关的检务保障体系,通过建立健全符合法律监督司法需求、符合检察工作规律的检务保障机制,有效化解现有保障问题对检察工作形成的机制性、保障性障碍,具有重要的现实需求和意义。

关键词:检务保障　检察一体化　法律思考

检务保障作为检察工作的一部分,为检察机关依法正确履行检察职能担负着不可或缺的责任。就目前现状而言,各级检察机关的经费是由同级财政部门统筹拨付的。这种"分灶吃饭"的保障体制,使检务保障工作受到了一定的制约,不利于检察权的独立行使。因此,如何进一步完善符合检察工作规律的检务保障机制,规范检察执法行为,具有重要的理论价值与现实需求,同时也正是研究本课题的意义所在。

一、完善检务保障机制的法律思考

社会主义公共财政是法治化财政,解决检务保障相关问题只能依照社会主义公共财政理论,进一步确定法律监督机关在国家机构的适当位置,由此确定法律监督在社会公共资源合理分配中所应占有的份额。

(一)检察工作的公共产品属性

检察机关是国家的法律监督机关,是国家机构的重要组成部分,是人民民主专政的重要工具。对于检务保障体制而言,明确检察工作的法律属性,是决定检务保障的法律

---

* 课题负责人:王飞扬,江苏省镇江市人民检察院计财装备处处长。课题组成员:王斌,江苏省镇江市人民检察院计财装备处副处长;杨慧,江苏省镇江市人民检察院计财装备处科员;李晨璐,江苏省扬中市人民检察院办公室主任。

定位的前提。按照经济学的观点，在市场经济社会中，满足人们社会需要的产品按其消费特性可分为两类：一是私人产品，即由个人或家庭分别消费、单独受益的一般物品，如食品、衣物、家具等。二是公共产品，即为整个社会的人们联合消费、共同受益的特殊物品，如社会治安、公共设施、国家安全等。公共产品具有效用的不可分割性、消费的非竞争性和受益的非排他性三个特点。①

那么，检察工作从其消费特性上分析，是属于私人产品还是公共产品呢？我国《宪法》规定：全国人民代表大会和地方各级人民代表大会都由民主选举产生，对人民负责，受人民监督。国家行政机关、审判机关、检察机关都由人民代表大会产生，对它负责，受它监督。从上述规定可以看出，检察机关在国家机器中占有重要地位，承担着其他机关不能承担的法律监督的职责，发挥着其他部门不可替代的作用。用经济学社会产品消费品性质的分类标准来衡量，检察工作为社会提供了具有效用的不可分割性、消费的非竞争性和受益的非排他性的社会产品，理所当然应当属于公共产品的范畴。

公共产品与私人产品的划分是从纯理论的角度进行的，但在实际生活中，各个产品的性质很难像理论那样可以清晰地描述出外延和内涵，产品往往具有介于公共产品与私人产品之间的性质；或者虽有公共产品的特性，但不全面。所以，公共产品又可分为两类：一类是纯粹的公共产品和混合性公共产品。纯粹的公共产品就是理论上的公共产品，具有公共产品的所有特性。另一类是混合性的公共产品，所具公共产品特性不全面，或在消费上有排他性，或有竞争性。在市场经济条件下，满足人们社会需要的产品的提供渠道有两个：一是市场，二是政府。由于市场主体的行为要受市场规律的调整，以利润最大化为追求目标，因此，市场能够提供的产品只能是私人产品，公共产品只能由政府来提供。因为如果由市场这一渠道提供公共产品，可能会出现两种结果：一是市场主体以充分满足社会成员对公共产品的需要为目标，那么提供公共产品的市场主体只能放弃利润，这显然是与市场主体追求利润最大化的愿望相违背的，也不符合市场规律。二是市场主体以追求利润为目标来提供公共产品，这必然会降低公共产品的保障程度，满足不了社会成员对公共产品的需要。前一种结果是不可能出现的，后一种结果则是不允许出现的。因此，纯粹的公共产品尽可能完全由政府负责提供，混合性公共产品可以采取政府和市场结合的办法提供。

检察机关的职责是法律监督，维护法律在全国统一正确实施。其在行使检察权时，不受行政机关、社会团体和个人的干涉。检察机关之间的关系是领导与被领导的关系。人民检察院的权力来源于公共权力的代表——人民代表大会，权力的性质是维护法律在全国的遵行与实施，权力行使的方式也排除了带有地域色彩的行政权力、代表部分人利益的社会团体及个人的影响，保证其按照法律规定的标准、程序行使。在市场经济条件

① 参见吕赵龙：《强化经费管理，推进检察工作向前发展》，载《时代财会》2003年第7期。

下,提供公共产品就是政府的职能,也是政府财政对社会剩余产品的特殊分配关系的根本任务。因此,检察权的消费特性完全符合公共产品的特点,是典型的公共产品,必须完全由政府提供。

(二)检察工作属于必须由中央政府提供的全国性公共产品

根据财政学理论,按照受益范围划分,公共产品可分为全国性的公共产品、准全国性的公共产品和地方性公共产品。

从理论意义上看,全国性公共产品应该具有三个方面的特征。第一,公共产品的受益范围被限定在整个国家的疆域之内,无论国土大小,都是如此。第二,公共产品的受益在整个国家的疆域内散布得相当均匀。第三,全国性公共产品的提供者为中央政府,而不可能是某一地方政府。所谓准全国性的公共产品,是指这样的物品,它们满足消费上的公共性即非竞争性,但是不满足消费上的同等性,即不同地域、不同的行政区的居民在对这类物品的消费上不是机会均等的。所谓地方性公共产品,是相对于全国性公共产品而言的,它是指由各级地方政府提供、只能满足某一特定区域(而非全国)范围内的居民公共消费需求的产品。

根据对检察权公共产品属性的分析,检察工作的受益范围是全国性的,检察权的有效行使,可以在全国范围内建立良好的法治秩序和法治环境,为建立社会主义法治国家提供必要的保障。有人认为,地方检察机关的职能范围是按照地域来划分的,其职能的行使也是该地域范围之内,因此检察工作的受益范围是有地域限制的。这种观点没有从局部与全局的关系分析检察工作的特点和作用。当然,我们也不否认地方检察机关的工作会对当地的社会环境产生一定的影响,但这种影响不具有消费上的排他性,并非只满足于当地居民的需要,其受益对象是全国民众。因此,检察工作属于全国性公共产品,应当由中央政府提供。在实际工作中,全国各级检察机关开展工作都是按照最高人民检察院的要求,统一规划、统一部署,进一步实施的。检察机关上、下一体,规模庞大,需要有较高的法律专业技能才能完成。按照上述分析,检察检务保障支出应属于中央财政。

由中央财政统一负担检察经费,符合我国国情。第一,单一制的国家结构形式要求检察经费保障统一性。我国各级检察机关都是依据同一部宪法设置的,一切检察活动都是依据全国人大或全国人大常委会制定的法律而进行的,检察工作所产生的经济、社会和法律效果都是全国性的,不是地域性的。这就要求各级检察机关的经费保障工作也具有统一性。第二,检察工作的集中统一性,要求经费保障的均衡性和稳定性。各级检察机关是依据统一的法律、统一的工作部署和要求开展工作的。尤其在办理一些重特大案件时,需要在上级检察院的指挥协调下,各地检察机关跨地区统一行动,共同作战。这就要求各级检察机关经费保障具有相对均衡性和稳定性。只有由中央财政统一负担各级检察机关经费,才能达到这一要求。第三,检察机关的领导体制,要求经费保障的适应性。根据《人民检察院组织法》的规定,上、下级检察机关是领导与被领导关系。为保证上级检察院对下级检察院发挥有效的领导作用，必须在人、财、物方面都具备领导权，最高人民检察院必须在经费保障上对地方各级检察院有充分的调控权力。由中央财政统一负担全国检察机关经费，便于领导作用的发挥，也便于全国检察机关统一发挥效能。

（三）检务保障之法治需求

检察经费供给不足留下了深刻的历史教训，1978年检察机关恢复重建至1998年的20年的时间内，由于国家财政没有能够全部担负起检察机关履行职能所需经费，“杂粮”（各种非国家财政经费来源）在检察经费支出中占了很大比例，其教训是深刻的。吃“杂粮”的本质是检察活动市场化，市场承担了一部分政府职能，这是违背市场经济法则的，是政府职能、财政职能缺位的表现。国家财政不能完全保证检察机关经费统一到位，不仅影响检察机关职能的发挥，损害检察机关形象，而且影响国家法律的统一正确实施，损害法律的尊严和权威，影响依法治国方略的实施，不符合法治原则。从长远来看，随着依法治国方略的实施，随着社会主义市场经济体制的发展和完善，地方检察院经费保障体制改革势在必行，迫在眉睫。首先，必须通过立法对全国范围内的检察院的经费开支实行单独的预算。从原则上说，各地的司法机关不是地方的司法机关，而是国家的司法机关。为防止司法机关的地方保护主义倾向，必须从经费上保障司法机关的独立性，使各地的司法机关不能完全仰仗地方的经费供给，对各地检察院的经费实行由中央统一拨付的制度。也就是说，各地应根据其财政情况，每年向中央财政拨出一定的款项，由中央统一集中后，根据对各地检察院所做出的统一预算，逐级专项下达拨款，用于各地检察院。对贫困地区应当由中央财政给予补助，这就使检察院割断与地方政府的财政联系，真正获得经济上的独立自主，从而从根本上铲除滋生地方保护主义的土壤。其次，加强立法，统一标准，把经费保障纳入依法管理的轨道。应当通过立法将各级司法机关的办公条件、基础建设等全部法定化。坚持面向基层，牢固树立为基层服务的意识。检察机关的人员80%在基层，80%的业务量在基层，80%的经费困难也在基层。在坚持“分级负责、分级管理”的现行财政管理体制的前提下，上级检察院要加大对下支持和指导的力度，帮助基层解决实际问题。最后，检务保障必须由国家财政依法全额承担，装备由最高人民检察院根据检察工作的需要提出规划，全国统一配备。检察机关的一切经费及装备，均由中央财政解决，由最高人民检察院协同国家财政部门调配。切实保障检察机关履行法律监督职能的现实需要，这是检务保障的应然法律定位，应当为我国《人民检察院组织法》《预算法》等相关法律予以明确与支持。

二、检务保障的法律原则

检务保障的法律原则应当反映检察工作的客观规律，体现检务保障的价值取向，揭示检务保障程序设计与发展的本源性、基础性原理，决定检务保障的基本行为准则，应当具备法定性、全局性、高度概括性和科学指导性的特征。结合上述对检察工作与检务保障的法律属性分析，应当通过相关立法明确以下一些检务保障的基本法律原则。

（一）事权财权相统一原则

事权和财权相统一，即各级政府有什么样的职权，什么样的办事权，就要有相应的财权，这是世界各国确定财政支出范围的通行原则。检察经费保障也必须遵从这一原则。根据这一原则，检察经费应由中央财政全部负担。如上文所述，检察工作属于全国性公共产品，其受益范围是全国性的，由中央财政统一负担检察经费，符合我国单一制的国家结构形式和检察工作的集中统一特性。从我国检务保障的发展沿革上看，也可以发现现行分级经费保障体制与检察工作不相适应。从现实情况看，目前检察机关的分级财政保障体制不利于检察职能的发挥，弊端很多。主要原因是检察经费分级负担体制下的分级保障、分类保障、"分灶"保障，与各级检察机关统一的履职要求、追求统一的法律效果之间，存在极不平衡协调。

（二）检务保障标准与经济增长相统一原则

从社会发展和检察工作的实际需要看，财政部门安排的检务保障支出应当与经济增长幅度相统一，才能保证检察机关的职能得以充分发挥。这一原则符合财政支出不断增长的规律。随着社会主义市场经济体制的建立和不断完善，经济市场化的程度不断提高，与市场相联系的当事人之间的关系更为复杂。市场化程度越高，要求法律化的程度就越高，从而要求政府不断增强司法和执法的力度，相应地，所需经费开支也要不断增加。这一原则也符合检察工作的发展规律和趋势。今后一个时期，检察机关应对犯罪的形势日趋复杂。检察机关更多地面对智能化、高科技犯罪活动，犯罪手段不断翻新，方式更为隐蔽，检察机关在查处犯罪过程中，不仅工作量增加，办案难度也越来越大。这要求检察机关也要不断增加和更新办案手段和设施，增加检察工作中的科技含量，增强科技化装备水平，提高工作效率和质量。从长远来看，检务保障支出应随着国民经济的发展，逐年较大幅度增加。这种增长不仅是外延上的增长，更主要的是内涵式的增长，经费增长的效果体现于检察工作质量和效率的提高。

（三）统筹兼顾原则

在检察工作全局中，检察业务工作始终是中心，检察工作科学发展必须紧紧抓住业务建设这个中心不动摇。检察队伍建设是检察执法活动的根本，必须大力加强不放松，检务保障是检察工作的重要基础和条件，必须进一步得到巩固和完善，三项建设犹如三根支柱，其中任何一项支柱不结实，检察工作都难以实现科学发展。因此，检务保障建设上，要认真落实中央关于改革和完善政法经费保障体制的部署，积极协商财政部门研究制定检察经费分类保障政策，建立检察机关公用经费正常增长机制，制定和完善业务装备配备标准，基础设施建设标准，力争从根本上改进检察机关经费状况，使检察机关办公、办案条件与经济社会发展水平相适应。检务保障工作坚持以业务建设为中心，以队伍建设为根本，统筹兼顾，相互促进。检务保障工作的思路与实施，必须围绕强化法律监督职能,既优化检察权运行,又强化对检察权行使的监督制约。

三、完善检务保障举措

把全国检察机关经费列入国家财政部门预算,完善统一拨付管理的检务保障制度,有其充足的宪法基础,对于检察机关依法正确履行检察职能具有十分重要的意义。但就目前中央和地方各级财政计划单列的财政体制下,地方各级检察机关的经费不是由国家而是由同级政府财政部门拨款解决,使整体检务保障体制受到较大制约,不利于检察权的依法独立行使。因此,结合检务保障的法理基础分析,就改进检务保障机制提出对应的法律思考。

(一)完善检务保障统筹制度

根据前述分析,检察经费保障体制的改革,应该由中央财政全部负担检察机关所需经费。由于我国各级人民检察院都是国家的法律监督机关,其权力都是来源于国家的,都是代表国家行使权力,以国家名义履行职责的。因此,从理论上讲,人民检察院的经费应由国家财政部门列入预算,统一拨付管理。但是,完全理顺预算管理体制还需要一个过程,很难一步到位地实行由国家统一拨付各级人民检察院的经费,因此必须采取一些过渡性的措施。

结合当前我国财政管理体制现状,由省级财政统筹地方各级人民检察院的经费。为此,《人民检察院组织法》在未来修订时应将检务保障问题予以立法规范,规定最高人民检察院的经费由中央财政负担,地方各级人民检察院的经费由省级财政统筹、中央财政补助,强调任何机关、单位不得以任何理由侵占或挪用人民检察院的业务经费或其他经费。要通过中央、省级财政依法构筑良好有力的检务保障体系,尽早消除检察机关的后顾之忧,确保检察机关公正规范执法。

配合上述建议《人民检察院组织法》关于检务保障经费承担主体的规定,必须同时通过工作规范或实施细则,建立健全与检察机关行政、人事和业务管理体制相适应的检察经费保障体制,对检察机关公用经费由省财政统筹设计具体落实制度:一是地、县两级财政按照公用经费保障标准向省级财政上缴。二是省财政对困难地方补助投入。三是中央财政专项转移支付。实行基础设施建设经费以中央为主,省财政补助安排。即基层检察机关的基本建设经费、办案交通工具、专线网络系统、技术办案设备购置等专项经费由中央财政统筹安排、省财政予以配套,省检察院结合当地实际制定分年、分级建设计划和经费安排原则,保证专款专用。市、州检察院基础设施建设资金由中央为主,省、市(州)配套安排。同时认真执行“收支两条线”的规定,彻底改变经费保障与追缴款赃挂钩的不合理局面。积极完善经费保障补助制度,加大财政转移支付力度。中央、省补助专款的分配应改变过去撒“胡椒粉”的方法,重点向贫困地区检察机关倾斜,与业务工作量挂钩,以保证贫困地区和工作任务重、开支大的地区各项检察业务工作的正常运转。对贫困地区检察机关的经费保障，财政要加大转移支付力度。

(二)完善检务保障标准

强化对检察经费保障标准与内容的法律保障，对于构筑检务保障长效机制具有重要意义。

一是建立公用经费正常增长机制。县级人民检察院公用经费保障标准一经制定，必须认真遵照执行。县级公用经费保障标准，由省级财政部门会同政法部门根据本省经济社会发展、财力增长水平和政法工作的实际需要适时调整。调整所需经费，按照分类保障的原则由各级财政负担。公用经费保障标准不包括办理大要案件等特殊情况，特殊情况可以按规定程序向同级财政部门申请追加预算。落实公用经费保障标准，保障人民检察院正常运转经费是同级政府的职责，不得将上级补助的专项经费计入保障标准。

二是建立分项目、分区域的检务分类保障政策。人员经费由同级财政负担，公用经费和业务装备经费由中央、省级和同级财政分区域按比例负担。

三是完善业务装备和基础设施建设标准。要按照优化资源配置、设施资源共建共享的原则和规定的标准，制定分地区、分类别的业务装备配备规划和年度实施计划，根据轻重缓急，纳入财政年度预算全额保障。同时制定下发基础设施建设标准，检察机关办公基础设施建设和各类基础设施维修经费，由同级政府财政负担。各地应控制和冻结基础设施建设债务，探索化解债务的办法。

总之，要落实好检察公用经费保障标准，除了检察机关积极努力、主动争取外，关键是对相关职能部门设计好相关的法律权利义务，从法律制度层面推动保障工作形成合力。

(三)完善检务保障管理体制的法定义务

检察机关作为检务保障的主体，必须明确其在完善检务保障管理体制中的作用，履行相应的法定义务。各级检察机关要做好与改革后经费管理体制相适应的检察经费管理体制配套改革工作，建立健全适应检务保障体制改革需要的专门管理制度，加强检务经费管理，强化经费使用的激励约束机制，规范支出行为；优化检务资源配置，提高资金使用效益；加强检务保障队伍建设，提高检务保障管理能力和水平。

一方面，要加强基础工作，建立系统化、规范化的财务报表制度，准确掌握全系统人员、机构、业务和经费的基本数字，全面、客观、细致地编报预、决算，准确反映各级检察机关的经费需求和经费使用情况，充分保证各级院的经费需要。

另一方面，要建立严格、规范、科学的财务管理制度，严格财经纪律，加强对经费分配、使用的监控，科学理财，努力使用好每一项经费，充分发挥经费效益，避免资金损失和浪费。为此，各级检察机关要加强财务机构和队伍建设，健全机构，培养高水平、专家型的财务管理人员，运用科学化的管理手段和方式，不断提高财务管理的科学化、规范化水平。同时检察机关要进一步严格对扣押款物的管理，切实贯彻落实“收支两条线”的规定,做到应缴尽缴。

（四）完善检务保障工作的监督

检务保障制度的完善是系统性工程,需要各方统筹协调,形成合力。配合检务保障体制改革,全国人大与地方各级人大应加强对检察机关经费保障情况的监督力度,将检务保障工作作为人大对地方政府和检察机关监督的重要内容。一方面,人大通过审查和批准财政收支预算活动,对检察机关预算安排情况进行监督,听取财政、检察两方对预算安排的意见,提出调整预算的建议,以使检察经费需要在预算安排上得到反映。另一方面,通过审查和批准财政收支决算活动,对检察经费预算执行情况进行监督和检查,使各项检察经费真正得到落实。各级人大还应通过听取检察机关工作报告的形式,对检察机关经费使用和财务管理情况进行监督检查,督促检察机关合理使用经费,提高经费效益。各级检察机关在向人大报告工作时,应将预决算执行情况作为内容之一,接受人大代表的审议。

江苏省法学会刑事诉讼法学研究会 2022年年会会议综述

李　川　马天一　杨胜刚*

本次年会围绕企业合规立法及监管问题研究、“少捕慎诉慎押”刑事政策实施问题研究、金融犯罪证明问题研究、监视居住强制措施适用及监督研究、指导性案例适用问题研究、大数据赋能刑事司法问题研究六个主题，共有107篇论文入选交流，可以说是成果多样丰硕，观点精彩纷呈。现将大家讨论的重点问题及主要观点作简要综述如下。

一、企业合规立法及监管问题研究

本次年会有30篇论文基于这一专题在六个方面展开研讨。

（一）企业合规立法完善

有观点指出，应实现企业合规的刑事激励与行政激励的衔接和配合，并建立合规不起诉的“检察罚”制度和法定代表人前科登记豁免制度。

也有观点认为，将国外的实践与我国实际结合会是企业合规司法实践的重中之重，应加强企业合规法制建设，强化企业守法行为；应当完善我国企业刑事责任和刑罚制度，为合规从宽改革提供稳定的制度架构。

（二）企业合规具体机制完善

有人提出，检察机关在办理危害生产安全犯罪案件时，应由“案内”审查向“案外”治

* 李川，东南大学法学院教授，博士研究生导师；马天一，东南大学法学院博士研究生；杨胜刚，东南大学法学院博士研究生。

理延伸,全面加强检察主导下的企业合规建设。

也有观点认为,检察机关应注重运用大数据技术,动态监控企业合规计划完成进度及合规体系运行状况,及时发现企业不规范经营以及第三方组织履职不到位等问题。

此外,制度创新上,有观点指出,应引入企业犯罪记录封存机制。也有观点指出,应激活刑事合规附条件不起诉,明确刑事合规附条件不起诉的适用对象、条件和相应标准。

还有观点认为,应规范建立、完善检察一体化工作机制,规范第三方监督考察模式,并建立对受托地检察机关开展异地协作工作的考核评价体系。以及检察机关应当在构建刑事合规激励制度中发挥主导作用,推动立法技术革新与企业内部管理的完善。

此外,有人强调,应解决改革试点中起诉模式、适用对象、检察权制约等争议,推动合规改革行稳致远。

(三)企业合规有效性

有观点认为,应基于打造合规计划、合规监督考察等探索契合小微企业实际的有效合规模式,防止出现“纸面合规”以确保合规整改的有效性。

也有观点指出,检察机关可允许多方提供合规有效性相关证据,多元实质审查第三方组织的评估报告,并出具案例报告,叙述合规有效的理由。

(四)企业合规监管模式

有观点认为,检察机关可以探索涉及民事案件的企业申请检察机关主导企业合规、探索企业申请检察机关派员审查其合规建设能否切实降低法律风险等。

也有观点认为,检察官需要弥补在专业知识方面的欠缺,以及明确通过何种方式嵌入涉案企业合规过程中。有观点认为,可以通过“嵌入式”合规监管模式促使企业达到治理结构建立、制度体系完善、合规文化形成以及员工合规意识确立的合规要求。

有观点提出,应构建以涉案企业承担为主、财政拨付为辅的经费来源多元化模式,建立健全企业合规异地协调机制,加强沟通配合并弹性确定合规考察期限等。

有观点认为,需要结合企业规模、风险点识别、检察机关的力量配比等多方面因素选择案件中适合的合规监管模式。

(五)企业合规第三方监督评估

有观点认为,在评估主体的选任中应引入非承办检察官监督并选任第三方评估人员。在评估方式上,应制定评估标准,坚持动态评估、定期反馈审查。

也有观点指出,应完善合规监督考察、建立专业化办案团队、加强检察机关内外配合、探索监督有效性标准等。

还有人认为,应在顶层设计上建立驻企合规监督员制度,以弥补第三方组织监督不深入、不系统、不全面的漏洞。

另外,有观点认为,应健全合规监督评估主体遴选考评体系,差异化设定企业合规评判标准。

还有观点指出,应通过明确检察机关介入监督评估环节的地位与具体职权、建立第三方机制经费管理方案、加强第三方组织的外部监督等。

(六)企业合规与单位犯罪

有观点认为,在相关责任人员可能判处三年以下的轻微单位犯罪中,在企业合规不起诉的同时,对责任人宜以酌定不起诉处理。还有人提出,危害生产安全犯罪中"既适用于企业、也适用于责任人"的企业合规制度更符合我国国情。

此外,有观点认为,涉案企业合规中的企业是指作为犯罪行为的实施主体,而非被侵害的法益客体或关联性主体。

也有理论观点指出,新组织体责任论保持了过失推定的合理内核,兼顾了单位的固有责任与自然人责任,其可通过事实推定的方法,来消解法律冲突疑虑。

有观点指出,试点过程中通过合规制度对传统的单位责任归责制度进行了调整,应在此基础上构建新的法律内容。

有观点认为,单位责任应从"一元责任"转向"二元责任",并将合规计划的制定与实施作为阻却单位犯罪成立的理由。

二、"少捕慎诉慎押"刑事政策实施问题研究

本专题 37 篇文章从八个方面进行了具体探讨。

(一)整体政策落实问题

关于"少捕慎诉慎押"刑事政策落实的价值指向上,有观点认为,检察机关要遵循成本收益分析,探寻边际司法成本与边际社会收益的交汇点。

还有观点认为,有必要将比例原则引入刑诉法领域来限制刑事强制措施的适用,以及检察机关要积极运用检察裁量权,严格把握逮捕标准,完善不捕不诉替代性措施。

(二)"少捕"政策落实问题

1. 关于社会危险性。有观点认为,可以运用大数据技术对审查逮捕的核心要件社会危险性进行量化评估。也有人认为,要从审查层次、内容、程序、维度四个层面探索系统全面的逮捕社会危险性审查方法。还有人认为,要以妨碍诉讼及继续危害性为要素来分析社会危险性,在司法政策变革中深度理解"少捕"政策关系范式。另外,要建立以社会危险性为核心的量化体系,加强公安机关与检察院互通互联以促成统一办案思维以及明晰政策适用范围。

2. 关于侦检衔接。有观点认为,少捕慎诉慎押的机制构建,关键在加强逮捕的侦、检衔接,要强化检察引导,重新明确逮捕的证明标准。

3. 关于检察监督。有观点认为,要进一步反思捕诉一体性办案的逻辑,进一步推动精密型检察和有效性监督。

（三）“慎诉”政策落实问题

1. 关于存疑不起诉，有观点认为，应当准确把握存疑不起诉的适用条件，细化标准，加大公开听证力度和文书释法说理工作，强化自行补充侦查和引导侦查能力。

2. 关于酌定不起诉，有观点认为，要转变传统有罪必罚的司法观念，参照未成年人附条件不起诉机制，将附条件不起诉扩大到酌定不起诉范围中，使其发挥应有作用。

3. 关于合规不起诉，有人认为，我国合规不起诉不应突破轻罪界限。原则上只能在单位犯罪案件中适用合规不起诉，将合规不起诉的适用重心放在大企业，对小微企业审慎适用。

（四）“慎押”政策落实问题

关于羁押必要性，有观点认为，检察机关应当传递“慎押”理念，推动检察机关羁押必要性审查工作的优化升级。

也有观点认为，检察机关作出批准逮捕决定后还应关注羁押必要性的变化，对非羁押人员还应综合运用回访、联合帮教、从业禁止等措施加强监督。

还有人认为，要加强羁押必要性审查工作的力度和能动性，完善羁押替代措施，提高羁押必要性审查适用率。还有观点认为，可以探索提前介入、社会危险性量化评估以及羁押替代措施创新，以降低审前羁押率。

（五）“少捕慎诉慎押”类型化适用

1. 在办理未成年人案件上，有观点认为，检察机关要做实逮捕必要性审查，充分运用不起诉制度，使犯罪的学生重新回归学校。还有，对未成年人不捕不诉之后，应当多措并举不断完善心理疏导等配套措施。还要搭建智慧保护平台，健全社会支持体系。

也有观点认为，要建立社会危险性量化评价机制，并厘清涉罪未成年人社会化回归时可能遭遇的困境及原因，采取共生矫治模式。还有观点认为，立法应增设大学生犯罪案件附条件不起诉特殊制度，建立涉大学生创就业犯罪预防体系。

2. 关于民转刑案件，有观点认为，检察机关应厘清民转刑案件中认罪认罚从宽与矛盾化解的关系，可参照民事赔偿标准设定调解赔偿基准，探索建立保证金提存制度。

3. 关于“帮信罪”案件，有观点认为，要综合考量行为的客观危害、参与程度、认知能力等情节，找准少捕慎诉慎押的适用边际。

（六）与检察监督关系问题

有观点认为，应从规范公民参与路径、推进制度初衷实现、细化制度规定等方面完善检察听证制度。

也有观点认为，检察机关需探索“在办案外监督”，提升监督的实质化、系统化和规范化程度，彻底解决对强制措施适用的“弱监督”问题。

（七）少捕慎押慎诉实践问题

有观点认为，检察机关不仅要充分发挥认罪认罚司法效能来减少审前羁押，还要用检察听证、社会危险性动态审查等措施来规范认罪认罚从宽的适用。

另有人认为，要通过强化逮捕羁押审查、激活相对不诉，糅合多元激励机制来实现少捕慎押慎诉与认罪认罚从宽的协同。

对于不捕不诉不押的后续处理，有观点认为，可通过实质适用羁押必要性审查、起诉必要性审查等前置判断程序、拓展剥夺资格和权利刑处罚等来解决。

也有观点认为，不起诉后要扩大并完善训诫、责令具结悔过、行政处分、处罚等非刑罚处置措施的适用，还可以将社区服务令制度作为应对轻罪和未成年人犯罪等特殊犯罪领域的重要措施。

（八）少捕慎诉慎押价值取向问题

有观点认为，要充分关注实践中片面追求不捕不诉不押数据的误区和倾向，还要对"少捕"过度适用、对"慎诉"把关从严的做法进行价值纠偏。

诉源治理方面，有观点认为，少捕慎诉慎押与诉源治理具有内在契合性，检察机关可通过厘清角色定位、明确制度规范、完善配套措施来推进诉源治理。也有观点认为，办好轻伤害"小案"，对落实"少捕慎诉"、推动诉源矛盾化解具有重要的现实价值。

三、金融犯罪证明问题研究

本专题17篇文章主要围绕金融犯罪两个方面证明问题展开了讨论。

（一）金融犯罪非法占有目的的证明问题

有观点认为，对集资诈骗罪等非法占有目的的推定，要以经济理性人的眼光，关注经济活动的规律和商事行为的特征。

另有观点认为，认定集资诈骗罪的非法占有目的，要引入刑事推定技术，并结合法经济学、允许反证等方法。

还有观点认为，非法占有目的现行证明路径是结果型推定证明，违背了行为与目的同时存在的理论原则，应以行为为中心构建行为型证明路径。

（二）辅助型金融犯罪的证明问题

有观点认为，对于自洗钱犯罪，辩方应从行为是否侵害法益，以及行为是否有掩饰、隐瞒犯罪所得及其收益之来源和性质的作用来展开辩护。

对于帮信罪"明知"的推定，有观点指出是可反驳和允许性的推定，要用综合认定对推定加以检验。

有观点认为，要对金融犯罪中的电子证据三性全面分析，必要时进行司法鉴定，精准认定电子证据证明力。

四、监视居住强制措施适用及监督研究

本专题9篇文章围绕三个方面讨论展开。

(一)指定居所监视居住的总体机制完善

有人认为,司法实践中,指定居所监视居住存在适用不规范、权利保障不到位、检察监督滞后等问题。对此需要明确标准,健全权利保障和救济程序,强化检察监督。此外,还应转变固有执法理念、厘清监视居住适用条件以及完善救济制度。

还有观点指出,必须坚持必要性原则与比例原则,引入必要性审查制度;要充分履行告知义务;检察全程监督,拓宽救济途径。还有人强调,无论指定居所监视居住是否属于羁押性强制措施,都要严格依法决定、执行、监督。

(二)指定居所监视居住的法律监督

有观点认为,犯罪嫌疑人需要就医或拒不认罪时适用监视居住存在争议,应基于对固定住处的理解认定适用空间,并突破贴身跟随等传统方式。

也有人认为,应认清指定居所监视居住的独立价值与功能,解决与逮捕界限不清、执行场所混乱、"审执分离"等不规范异化倾向。

在监督的完善上,有观点认为,应争取地方党委支持、建立内部信息共享机制、建立指定居所监视居住案件动态跟踪机制。

也有人指出,检察机关应当对指居措施决定、执行,特别是讯问的合法性重点进行监督。此外,应合理规定监视居住折抵刑期的比例等问题,并构建相关程序性惩罚机制、权利救济机制、完善转化逮捕的规定。

(三)指定居所监视居住的执行

有观点提出,应树立正确的监管理念、明确公安机关采取不同监管强度的适用条件、规范执行场所的选择和建设、细化监管手段规定。

五、指导性案例适用问题研究

本专题9篇文章在两个方面进行了深入讨论。

(一)检察指导案例适用

针对检察指导性案例"热"发布与"冷"适用之尴尬现象,有观点认为,要立足检察指导性案例的功能,通过明确适用方向、细化适用程序、建立保障机制来解决。

也有人强调,可强化指导性案例拘束力地位、提升类案识别技术、完善指导性案例的选编工作、加强运用指导性案例的培训与监督。

还有观点认为,可以通过整肃指导性案例的拘束力、延展效力范围、科学设置遴选标准、规范援引适用促进检察指导性案例的司法应用。

此外,有人指出,检察指导性案例要立足法律监督主责主业,面向检察办案一线需求以及新情况、新问题展开。也有人通过对诈骗罪检察指导性案例的研究,反思检察指导性案例的价值与短板。

还有观点认为,将检察指导性案例的效力定位为一种契合中国检察权运行规律的兼具行政力和司法属性的刚性拘束力,同时构建“强制检索—相似性比对—参照适用”的程序路径。

(二)审判指导案例适用问题

有观点认为,对于刑事审判指导性案例,应重视其本身在选编方式、案例内容方面存在的缺陷,借鉴《刑事审判参考》改进。

也有观点认为,应激活刑事指导性案例功能,通过类案分析判断,强调指导性案例的显性、规范适用,关注释法明理功能。

六、大数据赋能刑事司法问题研究

本专题 10 篇文章在三个方面展开研讨。

(一)大数据影响下刑事案件审理新形式

有观点提出,为了更好实现刑案类案检索,可以层级式地排列类型化关键词;根据刑法抓取个罪具体关键词;以需求为导向添加类案关联与对比模块。

也有人认为,可通过文书送达电子化,速裁案审网络化,判决自动生成化等大数据相关的技术,建立刑事速裁案件快速审理机制。

还有观点指出,在线诉讼相关规范限定了刑事案件的适用范围,有必要重新认识扩展在线诉讼具体定位。

此外,基于对算法量刑技术原理的拆解,有人认为算法量刑的正当性以及人机协同说理的困境无法克服,因此应明确算法是刑事司法辅助工具。

(二)大数据赋能法律监督

有人创新展示了社区矫正大数据一体化方案与检察机关“全过程进链监督”方案,还有“数智检察监督平台”等促进监督质效、维护安全稳定等方案。还有人指出,在基层检察数字化法律监督体系构建中,应提高数字工作意识;确保大数据的广度与精度;挖掘监督模式,实现“以案找案”规模效应。

(三)大数据对证据法的影响

有观点认为,既应从宏观思维排除大数据作为证据的障碍,也应从证据资格能力等微观视角强化证据审查的规制。还有人着眼区块链技术应用于刑事司法领域,认为应明确区块链证据规则,通过云计算等新技术推动刑事区块链存证平台建设。

此外,有观点提出,算法黑箱等是大数据证据质证的主要问题,需要从大数据证据的属性确定、质证权利保障、数据合规监管等方面对这些问题予以解决。